CÓMO DIBUJAR
AN1ME

TADASHI OZAWA

5 Chicas en acción

NORMA
Editorial

INTRODUCCIÓN:

El género que combina los videojuegos con heroínas y el anime *bishojo* se ha convertido en los últimos tiempos en una garantía de éxito de ventas. Aunque no se trate de trabajos épicos y espectaculares, siempre tienen un buen índice de ventas. Además, parece que los aficionados al género no pertenecen a una categoría específica e incluso parecen tener éxito entre las chicas.

¿Por qué se vende tan bien este género? Después de participar en la producción de juegos, me di cuenta de que la mayoría de personajes se diseñan con gran esmero. Las protagonistas son encantadoras, es cierto, pero todos los personajes están creados siguiendo unas directrices que constituyen una base sólida. Por eso estos juegos se venden tanto.

Por otro lado, descubrí que la mayoría de personajes no los diseñan hombres exclusivamente, sino también mujeres. De ahí que reflejen no sólo las preferencias del público masculino, sino también los sentimientos e intereses de las chicas. Por tanto, son capaces de llegar a un público más extenso.

En este volumen doy una serie de ejemplos dirigidos a la creación de "videojuegos *bishojo*" que os serán muy útiles para aprender las mejores técnicas del diseño de personajes.

CÓMO DIBUJAR ANIME 5: Chicas en acción. (Col. Biblioteca Creativa nº 24). Mayo 2004.
Publicación de NORMA Editorial, Passeig Sant Joan, 7. 08010 Barcelona. Tel.: 93 303 68 20 - Fax: 93 303 68 31.
E-mail: norma@normaeditorial.com. How to Draw anime 5: Bishoujo Game Characters © 2001 by Tadashi Ozawa © 2001 Graphic-sha Publishing Co.,Ltd. This book was first designed and published in Japan in 2001 by Graphic-sha Publishing Co., Ltd. This Spanish edition was published in Spain in 2004 by NORMA Editorial, S.A. El resto del material así como los derechos por la edición en castellano son © 2001 NORMA Editorial, S.A. Traducción: Traducciones Imposibles.com. Maquetación: Estudi d'Art-Tres. ISBN: 84-96325-32-6. Depósito legal: B-9988-2004. Printed in Spain by Índice S.L.

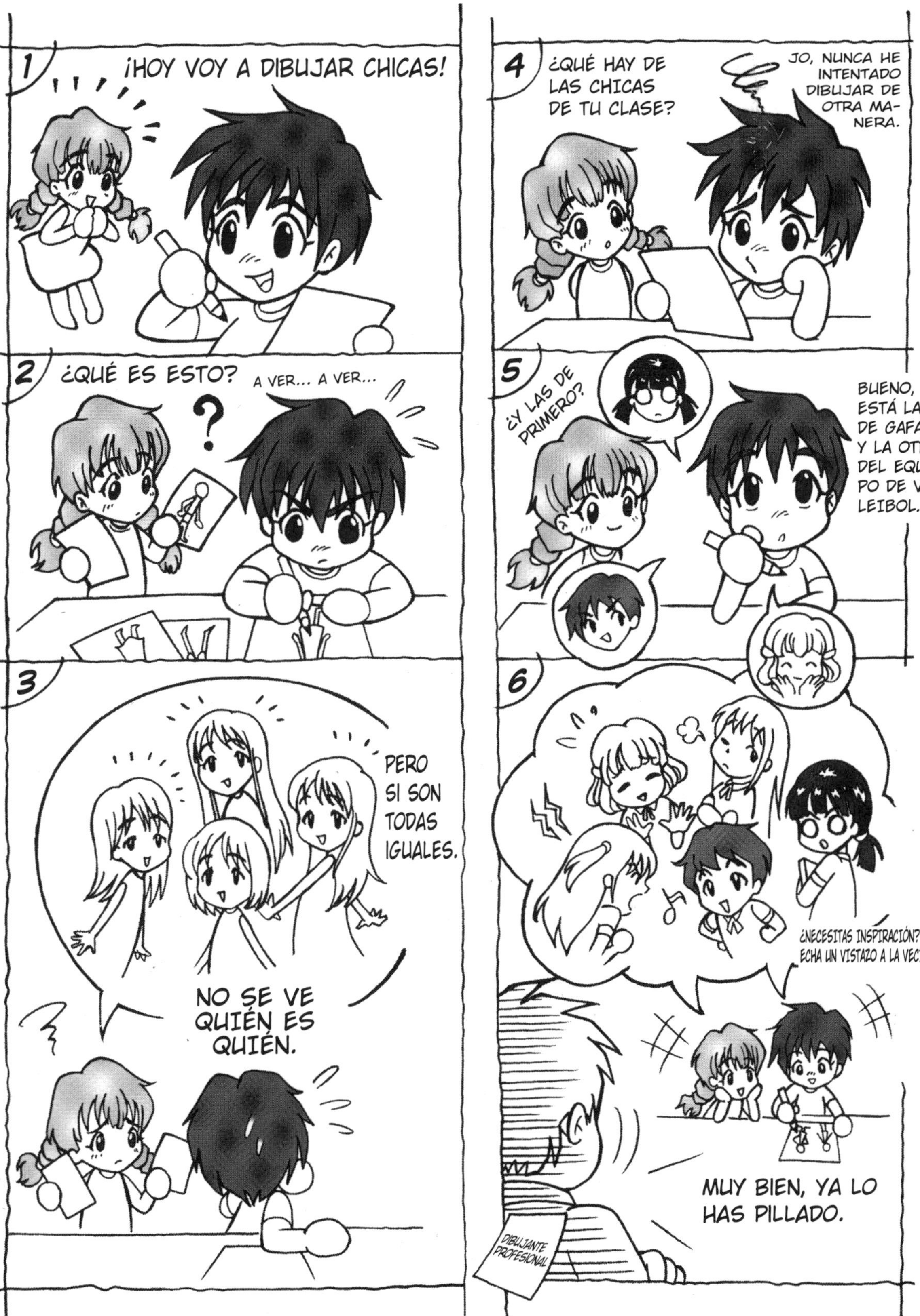
1
¡HOY VOY A DIBUJAR CHICAS!
2
¿QUÉ ES ESTO?
A VER... A VER...
3
PERO SI SON TODAS IGUALES.
NO SE VE QUIÉN ES QUIÉN.
4
¿QUÉ HAY DE LAS CHICAS DE TU CLASE?
JO, NUNCA HE INTENTADO DIBUJAR DE OTRA MANERA.
5
¿Y LAS DE PRIMERO?
BUENO, ESTÁ LA DE GAFAS, Y LA OTRA DEL EQUIPO DE VOLEIBOL...
6
¿NECESITAS INSPIRACIÓN? ECHA UN VISTAZO A LA VECINA.
MUY BIEN, YA LO HAS PILLADO.
DIBUJANTE PROFESIONAL

ÍNDICE

CAPÍTULO 1

¿Qué son los juegos *bishojo*?

Características generales

Normalmente no se les suele dar mucha importancia a los videojuegos ni al anime *bishojo,* es decir, videojuegos o anime con chicas como protagonistas. Seguramente los compramos porque son divertidos, pero, ¿por qué resultan tan divertidos? ¿Porque las protagonistas son monas o sexys? Si ésa fuera la razón, nos cansaríamos de ellos enseguida. Aunque nos refiramos al género como *bishojo,* es decir, chica joven y guapa en japonés, los productos deben estar bien desarrollados para capturar la atención del público. De hecho, los creadores no se limitan a dibujar chicas guapas, sino que desarrollan el juego con una serie de directrices artísticas a las que se le añaden personajes atractivos para ayudar en las ventas. Antes que ser *bishojo*, un juego debe ser interesante:

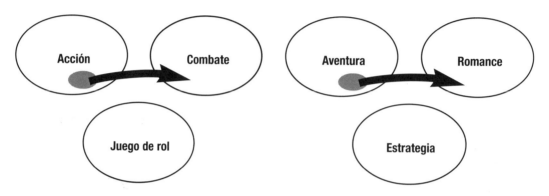

Características de los juegos de acción

Tienen su origen en los famosos juegos de marcianitos y son los primeros que aparecieron en la historia del videojuego. El jugador debe completar pantallas o niveles para ir avanzando. El jugador **dirige a la heroína a lo largo de la aventura.** En cada nivel aparecen combates; el aspecto de los combates evolucionó, para convertirse en los **"juegos de lucha".**

Características de los juegos de lucha

Estos juegos evolucionaron a partir de los de acción. El jugador **elige un personaje y se pelea con otros.** Los personajes que se pueden elegir son muy variados y pueden adoptar la forma de luchadores de *kung fu,* vampiros y otras criaturas. Siempre hay una luchadora femenina **hermosa y fuerte a la vez**, que representa arquetipos difíciles de encontrar en la vida real. Muchos jugadores luchan exclusivamente con este tipo de personajes. Son muy importantes los complementos: diseño de vestuario, armas, efectos, etc.

Ej.: *Street Fighter Series 1*
Darkstalkers Series 2

Juego de rol

Hablar, Armas, etc.

Como su nombre indica, en estos juegos el jugador interpreta un rol o papel en el mundo del juego, y pasa a ser el personaje principal. La diversión se basa en el **desarrollo** de la historia; mientras el jugador resuelve enigmas, se relaciona con la heroína del juego y toma parte en otras actividades. La relación entre los personajes y el desenlace de la historia depende de las elecciones que vaya realizando el jugador a lo largo del juego. A la hora de crear este tipo de juegos es muy importante la **concepción del mundo** donde se desarrolla la acción, con atmósferas legendarias o sobrenaturales, villanos monstruosos, y muchas veces acciones ambientadas en el

pasado o en el futuro. La chica guapa, *bishojo,* suele ser la heroína de la historia: un personaje clave para su desarrollo.

Características de los juegos de aventura

Selecciona tu siguiente movimiento.

En los juegos de aventura, la historia se va desarrollando a medida que **el jugador establece diálogos con la pantalla, que muestra el juego desde la perspectiva del jugador.** Los juegos de "simulación romántica" constituyen un tipo de juegos de aventura donde todos los personajes son *bishojo*. El jugador debe hablar con ellas y realizar toda una serie de acciones o estrategias para conseguir citas o que los demás personajes se le declaren. Este tipo de juegos suele basarse en diálogos entre el jugador y el resto de los personajes.

Ej.: *Tokimeki Memorial 4*
True Love Story 5

Características de los juegos de estrategia

El ajedrez y el *shogi*, ajedrez japonés, son ejemplos típicos de juegos de estrategia. El jugador **maneja todas las piezas de su bando** para capturar las posiciones del adversario. Muchos de estos juegos suelen tener ambientación histórica. Los juegos de esta categoría en la que los componentes del equipo del jugador son chicas guapas entran en la categoría de juegos *bishojo*. Aunque hay muy pocos, esta categoría de juegos es muy adictiva, ya que requiere que el jugador conozca a la perfección los atributos de todos los personajes de su equipo. Un

ejemplo de juego que combina características de esta categoría con las de otras clases de juegos es *Sakura Wars 7*.

Características detalladas

El apartado anterior incluye una breve descripción de los diferentes tipos de videojuegos. Actualmente hay tal cantidad de juegos *bishojo* circulando que es muy difícil atribuirles una característica específica. De hecho, suelen ser una mezcla de varios géneros adecuada a diferentes edades y gustos. De esta manera, a medida que maduran los jugadores, hay productos a su medida. Veámoslos con un poco más de detalle.

Desarrollo de un juego de rol con estrategia y romance:

Al ser un juego de rol, tiene una historia básica que se desarrolla a medida que el jugador actúa como personaje principal. Sin embargo, hay otros elementos que lo convierten en juego de estrategia o en simulación de romance a medida que avanza la acción. La mayoría de personajes que componen el equipo del jugador durante las secciones de estrategia suelen ser chicas guapas.

Ej.: *Sakura Wars 7.*

Desarrollo — Desarrollo

Progreso de la historia del juego de rol
Pantalla de romance
Pantalla de estrategia
Divergencia

Desarrollo de un juego de rol con acción *bishojo*:

De nuevo la línea base se desarrolla siguiendo las directrices del juego de rol. Pero el personaje principal es una chica guapa que debe superar diversas pruebas.

Ej.: *Wrukyureno bouken* (La Aventura de las Valkirias, 8)

Desarrollo — Desarrollo

Progreso de la historia del juego de rol
Pantalla de acción
Divergencia

Anime *bishojo*:

A diferencia de los juegos, el público no tiene ningún control sobre los personajes. En lugar de esto, la diversión reside en ver cómo se desarrolla la historia y qué personajes aparecen. Como el autor no tiene que considerar la interacción del público, pueden aparecer mayor cantidad de personajes; aunque siempre se diseñan de acuerdo con unas normas que se explican en las páginas siguientes. La animación *bishojo* suele estar ambientada en alguno de los escenarios descritos en el recuadro de la derecha. La animación también constituye un elemento muy importante dentro de los videojuegos. De hecho, normalmente la presencia de segmentos animados determina si un juego se vende o no.

1. La historia se desarrolla en escenarios cotidianos: escuela, etc.

2. La historia se desarrolla en escenarios donde aparece un robot gigante.

3. El escenario es un mundo habitado por chicas con poderes.

4. La historia se desarrolla en un contexto deportivo.

Personajes necesarios en un juego

Si alguien te pregunta qué tipo de persona te gusta más, puedes responder de mil maneras diferentes: amable, atractiva, pícara... Con los juegos *bishojo* ocurre lo mismo, cada uno tiene un grupo de personajes determinado que obligan al jugador a aplicar unas estrategias especiales y que, a su vez, pueden atraer a más público. El diseño de personajes requiere que su personalidad sea aparente a primera vista. ¿Cuál es el número mínimo de personajes que deben dibujarse?

Esquema estándar: 6 personajes básicos + 2 extras

La primera cosa que aprendí al entrar en este mundillo fue **diseñar al menos seis tipos de personajes claramente diferenciados.** Parece ser que seis es el número de personalidades básicas dentro de las que todos los individuos pueden ser incluidos. Añadiendo los dos extras estamos asegurando que habrá por lo menos un personaje que le guste a cada jugador. ¿Cómo son los ocho personajes exactamente?

1. Heroína
2. Empollona
3. Lolita
4. La Chica Rebelde
5. La Atlética
6. La Sexy

+

7. La Princesita
8. La Listilla avispada o tipo tímida y reservada

Diseño de los personajes

El diseño de los personajes de un juego *bishojo* suele estar muy influido por la visión que tiene el artista del mundo donde se desarrolla la acción. Primero, haz una lista de las siguientes características del personaje. Luego intenta dibujar un personaje con esas características físicas. Una vez tengas establecido el diseño del personaje, debes delimitar su relación con el protagonista, que en los juegos de romance es el jugador.

1. Personalidad
2. Ambiente en el que creció (hogar)
3. Personalidad: puntos fuertes y débiles
4. Grados de fuerza física e inteligencia
5. ¿Ante qué reacciona? (Qué le hace sentirse feliz, triste, enfadado, etc.)
6. ¿Cuál es la razón de ser del personaje? (Objetivos, etc.)

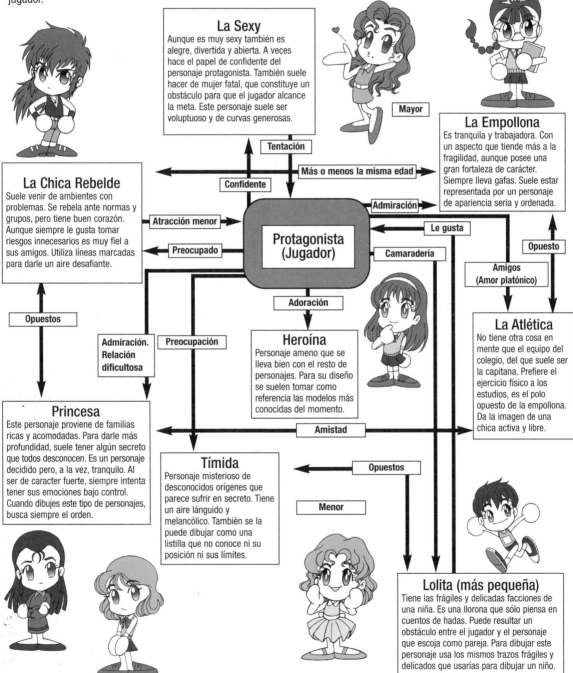

La Sexy
Aunque es muy sexy también es alegre, divertida y abierta. A veces hace el papel de confidente del personaje protagonista. También suele hacer de mujer fatal, que constituye un obstáculo para que el jugador alcance la meta. Este personaje suele ser voluptuoso y de curvas generosas.

Mayor

La Empollona
Es tranquila y trabajadora. Con un aspecto que tiende más a la fragilidad, aunque posee una gran fortaleza de carácter. Siempre lleva gafas. Suele estar representada por un personaje de apariencia seria y ordenada.

Tentación

Más o menos la misma edad

Confidente

Admiración

La Chica Rebelde
Suele venir de ambientes con problemas. Se rebela ante normas y grupos, pero tiene buen corazón. Aunque siempre le gusta tomar riesgos innecesarios es muy fiel a sus amigos. Utiliza líneas marcadas para darle un aire desafiante.

Atracción menor

Preocupado

Le gusta

Protagonista (Jugador)

Camaradería

Opuesto

Amigos (Amor platónico)

Opuestos

Adoración

Admiración. Relación dificultosa

Preocupación

Heroína
Personaje ameno que se lleva bien con el resto de personajes. Para su diseño se suelen tomar como referencia las modelos más conocidas del momento.

La Atlética
No tiene otra cosa en mente que el equipo del colegio, del que suele ser la capitana. Prefiere el ejercicio físico a los estudios, es el polo opuesto de la empollona. Da la imagen de una chica activa y libre.

Princesa
Este personaje proviene de familias ricas y acomodadas. Para darle más profundidad, suele tener algún secreto que todos desconocen. Es un personaje decidido pero, a la vez, tranquilo. Al ser de caracter fuerte, siempre intenta tener sus emociones bajo control. Cuando dibujes este tipo de personajes, busca siempre el orden.

Amistad

Tímida
Personaje misterioso de desconocidos orígenes que parece sufrir en secreto. Tiene un aire lánguido y melancólico. También se la puede dibujar como una listilla que no conoce ni su posición ni sus límites.

Opuestos

Menor

Lolita (más pequeña)
Tiene las frágiles y delicadas facciones de una niña. Es una llorona que sólo piensa en cuentos de hadas. Puede resultar un obstáculo entre el jugador y el personaje que escoja como pareja. Para dibujar este personaje usa los mismos trazos frágiles y delicados que usarías para dibujar un niño.

La Heroína

La clave de este personaje está en su **atractivo físico y su personalidad**. Piensa en un tipo de chica que guste por igual a mayores y jóvenes. También puedes tomar como modelo la imagen mental de cómo te gustaría ser.

Juegos de romance

En estos tipos de juego la heroína debe tener un aire de pureza. Dibújala con el pañuelo correctamente anudado y todos los botones bien abrochados.

Primeros juegos *bishojo*

Este tipo de personaje surgió del deseo de los autores de crear un juego que aunase chicas vestidas con uniforme de marinerito y espadas. Estos juegos fueron el punto de partida de los actuales. Evidentemente el género se diversificó con el tiempo y generó contenidos muy diversos.

Juego de rol *bishojo*

Personaje de gran animosidad y diligencia. Para esta heroína de juego de rol he seleccionado un personaje con toques europeos y japoneses. Como en *Power Rangers*, cada personaje tiene un color acorde con su personalidad.

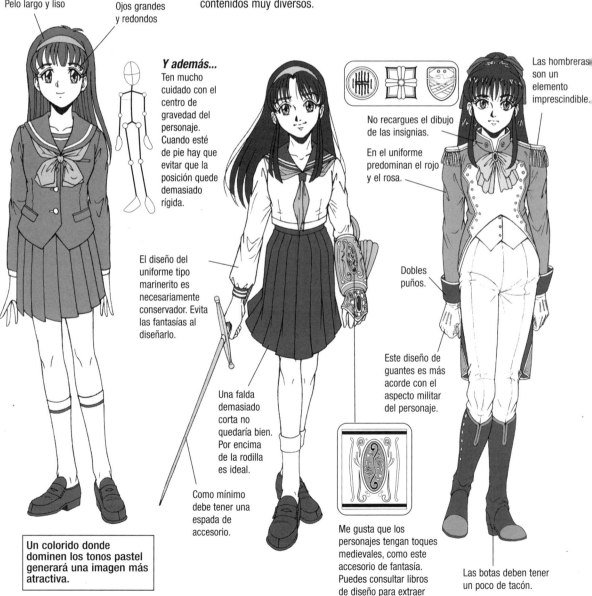

Pelo largo y liso

Ojos grandes y redondos

Y además...
Ten mucho cuidado con el centro de gravedad del personaje. Cuando esté de pie hay que evitar que la posición quede demasiado rígida.

El diseño del uniforme tipo marinerito es necesariamente conservador. Evita las fantasías al diseñarlo.

Una falda demasiado corta no quedaría bien. Por encima de la rodilla es ideal.

Como mínimo debe tener una espada de accesorio.

Un colorido donde dominen los tonos pastel generará una imagen más atractiva.

No recargues el dibujo de las insignias.

En el uniforme predominan el rojo y el rosa.

Las hombreras son un elemento imprescindible.

Dobles puños.

Este diseño de guantes es más acorde con el aspecto militar del personaje.

Me gusta que los personajes tengan toques medievales, como este accesorio de fantasía. Puedes consultar libros de diseño para extraer escudos y otros motivos.

Las botas deben tener un poco de tacón.

La Empollona

Es la siguiente en importancia después de la heroína. La empollona es tranquila y trabajadora. Con un aspecto que tiende más a la fragilidad. Aunque posee una gran fortaleza de carácter. Suele ser representada por un personaje de apariencia seria y ordenada. Si nada de esto te convence, por lo menos **dibújala con gafas.**

Juegos de romance

Se la suele representar como empollona cuatro ojos. Sus rasgos más característicos son: boca triste, ojos melancólicos, y gafas de culo de vaso. Lleva siempre los puños de la blusa perfectamente abotonados.

Juegos de lucha

Aunque sin gafas, representa al mismo personaje que la empollona cuatro ojos. Dándole unos sutiles toques de mona e ingenua harán ganar en atractivo al personaje. Hace algunos años este tipo de personaje se representaba con 20 años, pero hoy en día se prefiere que esté en la adolescencia.

Juegos de rol *bishojo*

En este caso, más que empollona, el personaje es la más instruida y capaz de obtener información y resolver enigmas. Se le suele asignar el color verde. He diseñado a este personaje como británica para enfatizar su personalidad.

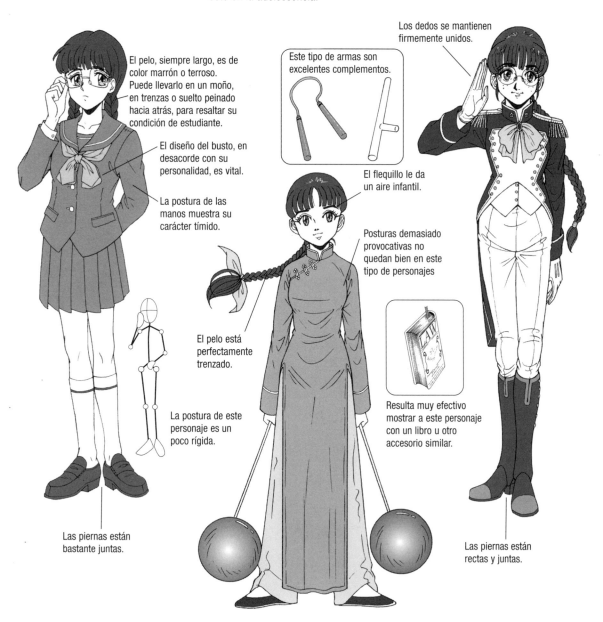

Los dedos se mantienen firmemente unidos.

El pelo, siempre largo, es de color marrón o terroso. Puede llevarlo en un moño, en trenzas o suelto peinado hacia atrás, para resaltar su condición de estudiante.

Este tipo de armas son excelentes complementos.

El diseño del busto, en desacorde con su personalidad, es vital.

La postura de las manos muestra su carácter tímido.

El flequillo le da un aire infantil.

Posturas demasiado provocativas no quedan bien en este tipo de personajes

El pelo está perfectamente trenzado.

La postura de este personaje es un poco rígida.

Resulta muy efectivo mostrar a este personaje con un libro u otro accesorio similar.

Las piernas están bastante juntas.

Las piernas están rectas y juntas.

La Lolita

Llorona, dependiente, un poco repelente, y más pequeña que la heroína, este personaje suele hacer la función de hermana pequeña. Utiliza una paleta de colores pastel para sugerir dulzura. Si la heroína sigue el canon de 7 u 8 cabezas (1:7, 1:8) la Lolita seguirá el canon de 6 cabezas (1:6).

Juegos de romance

Es bastante expresiva y llorona. Su cuerpo muestra las emociones. Será pecosa con coletas y otros elementos que refuercen su personalidad.

Lolita monstruosa

A este tipo pertenece *Lamu* de Urusei Yatsura. En este caso hay 4 elementos clave: orejas, cola y botas de gato y guantes con forma de pata. El pelo rizado queda mejor que el liso.

Juego de rol *bishojo*

Mi personaje es joven pero con talento. Viene de buena familia, padres ricos o políticos y su función es la de animar a los demás personajes.

Cualquier color de pelo va bien excepto el negro.

La posición de las manos es típica de la Lolita. Los puños apuntan hacia fuera.

El movimiento de los codos también muestra las emociones.

Las piernas deben quedar separadas.

Los pies para dentro le dan un aire más infantil.

La dirección de codos y rodillas ayuda a darle un aire repelente.

Atención
Este personaje es más bajo que la heroína

Heroína | Lolita

No olvides los detalles de los guantes.

Utiliza un traje de dos piezas que enseña el ombligo. La parte de abajo tiene el talle alto.

El truco está en apuntar los codos y rodillas hacia dentro.

Los dedos rectos y hacia atrás le dan una imagen cándida.

El amarillo domina en el traje y crea una apariencia encantadora.

Los rizos rubios son los mejores para este personaje.

La Chica rebelde

De fuerte carácter, suele representar el polo opuesto de la Princesita y aporta nuevas situaciones a la línea argumental, además de cohesionar la relación entre los personajes. Normalmente es más alta que la heroína. El azul y otros colores de la gama fría predominan en su peinado y vestuario.

Juegos de romance

Para diseñar una buena chica rebelde debes crear una chica que, a pesar de su mala pinta, sea honesta y buena de corazón. Su uniforme debe estar ligeramente desarreglado.

La dominátrix

El diseño de este personaje acentúa su picardía. Como tiene más edad que los otros personajes, se la representa con curvas voluptuosas.

Juego de rol *bishojo*

En este caso nos alejamos un poco del estereotipo de chica rebelde. Este personaje es el segundo en importancia después de la heroína. Hay que tener en cuenta que no es su enemiga, sino su rival dentro del grupo.

Atención

Los ojos de la chica rebelde están más rasgados que los de la heroína. Ocultar la parte superior del iris con el párpado le dará más impacto.

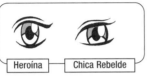

Heroína | Chica Rebelde

Usa líneas marcadas para delimitar el cabello.

Una de las poses más típicas de la chica rebelde es con los brazos cruzados.

Las orejas felinas le dan un aire travieso.

En el cabello negro es mejor reducir los reflejos al mínimo para dar una impresión más realista.

Colores fríos: azules, púrpuras, etc.

Estas piezas son siempre de piel.

El látigo es el complemento imprescindible de una dominátrix.

Las líneas de las medias de malla deben seguir el contorno de las piernas.

La espalda está un poco echada hacia atrás y los ojos miran hacia delante en actitud desafiante.

El cuerpo sigue un esquema con forma de S.

La Atlética

Esta chica hace deporte y sale a divertirse con los chicos. Tiene un papel muy activo y una apariencia andrógina de complexión casi masculina.

Juegos de romance	Juegos de lucha	Juego de rol *bishojo*
Es la más vivaracha de todas. Suele llevar jerseys o chándal.	En cualquier juego de este tipo, una chica soldado es imprescindible. De hecho, de entre todo el repertorio de personajes, la atlética es la que nunca puede faltar.	Es la más optimista y nunca se doblega ante los problemas. Sin embargo, su enmarañado pasado la convierte en un personaje muy complejo.

Siempre lleva pelo corto con mechones semejantes a patillas.

Elevando los brazos por encima de la cabeza da la impresión de tener un carácter cándido y abierto.

El pelo corto enfatiza la imagen andrógina.

Las manos son ligeramente más grandes de lo normal.

Pon especial atención en los detalles como las chapas.

Curvas muy poco pronunciadas.

Las dos manos han de estar cerradas en puños.

Los colores que mejor le van son azul, negro y la gama fría.

El pelo debe estar trenzado a la perfección.

Su altura es igual o ligeramente inferior a la de la heroína.

Sus brazos y piernas se extienden. La espalda se arquea hacia atrás para dar sensación de apertura de carácter.

Pies separados.

Las botas gruesas acentúan la constitución fuerte.

GRAPH-LISHA TARO
TOKYO JAPAN
MALE RH + A
2003. 1. 1

La Princesita

Se suele añadir al elenco cuando se requieren cuatro personajes. Su personalidad puede ser de dos tipos básicamente.

Juego de romance

Chica de buena familia con aire melancólico. Mantén sus ojos ligeramente cerrados y un extremo pequeño de la boca elevado, para otorgarle un aire triste y una apariencia solitaria.

Juego de lucha

Se trata de una dama en traje tradicional japonés. Como en el juego de romance, tiene una buena educación, pero es confiada y decidida. Dale un aspecto digno.

Juego de rol *bishojo*

Este personaje viene de una familia acomodada, de la nobleza rusa o similar. Es versátil y se adapta a todas las situaciones. En ausencia de la líder, ella puede dirigir al resto de chicas.

Su cabello es suavemente ondulado. Puede llevar coletas.

La boca es pequeña para crear una apariencia triste.

Atención
Reduciendo la distancia entre ojo y ceja conseguimos una apariencia más digna.

Dibuja los mechones curvándose hacia abajo. El cabello suele ser rubio.

A diferencia de la atlética, la postura de esta chica es modesta y recatada.

La banda ha de estar perfectamente alineada.

Usa el blanco y el oro en abundancia.

El pelo tiene un corte neto.

No olvides el emblema familiar, ya que esta chica es de buena familia.

Las rodillas están juntas.

Las manos por debajo de los hombros.

Haz un diseño que sea representativo de su linaje familiar.

El *hakama*, es decir, falda o falda pantalón, es una pieza clave.

La Sexy

De naturaleza madura y atrevido vestuario, este personaje exuda seducción. Tiene una personalidad alegre y desenfadada. Por ello es mejor no adjudicarle cualidades vulgares o exageradas. Utiliza una paleta de colores vivos o una única gama para acentuar su madurez.

Juego de romance

El encanto de esta chica reside en su naturaleza alegre y seductora. Muchas veces hace la función de confidente de la heroína. Acentúa las curvas de pecho y cadera para darle una apariencia voluptuosa.

Juego de combate

Es una experta en artes marciales que trabaja en un bar o casino. El vestuario es muy importante y debe cuidarse con detalle. De haberla dibujado con el traje completo daría una impresión completamente diferente.

Juego de rol *bishojo*

Se trata de la comandante del escuadrón; tal y como sugiere su título es la líder del grupo. La historia no puede avanzar sin este personaje.

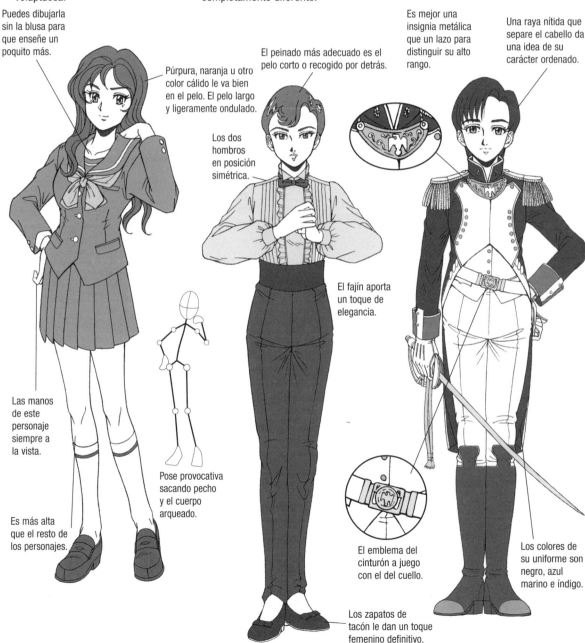

Puedes dibujarla sin la blusa para que enseñe un poquito más.

Púrpura, naranja u otro color cálido le va bien en el pelo. El pelo largo y ligeramente ondulado.

El peinado más adecuado es el pelo corto o recogido por detrás.

Es mejor una insignia metálica que un lazo para distinguir su alto rango.

Una raya nítida que separe el cabello da una idea de su carácter ordenado.

Los dos hombros en posición simétrica.

El fajín aporta un toque de elegancia.

Las manos de este personaje siempre a la vista.

Pose provocativa sacando pecho y el cuerpo arqueado.

Es más alta que el resto de los personajes.

El emblema del cinturón a juego con el del cuello.

Los colores de su uniforme son negro, azul marino e índigo.

Los zapatos de tacón le dan un toque femenino definitivo.

La Listilla

Cuando se necesitan seis personajes, uno suele recibir este papel. En contraste con la Lolita, la listilla se dibuja con trazos más marcados para indicar su naturaleza pícara.

Juego de romance

Está en una edad en que la moda le interesa sobremanera, por ello se esfuerza para aparentar más sofisticada de lo que en realidad es. Viste minifaldas y se riza el pelo. Dibújala como una chica mona a la moda.

Juego de combate

Esta chica no sobrepasa los 16 años. Dale un aire de adolescente en vías de convertirse en mujer.

Juego de rol *bishojo*

Este personaje no participa de las acciones del escuadrón. Tiene un papel de apoyo y equilibra el reparto. Se le puede dar un aire sexy o servir para otras muchas funciones.

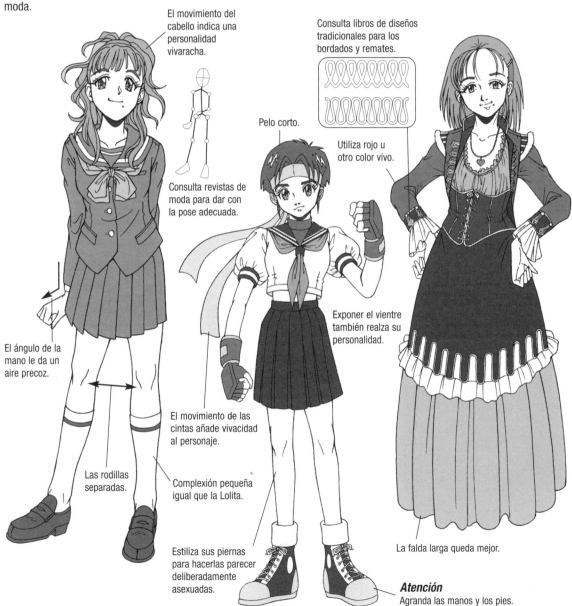

El movimiento del cabello indica una personalidad vivaracha.

Consulta libros de diseños tradicionales para los bordados y remates.

Pelo corto.

Utiliza rojo u otro color vivo.

Consulta revistas de moda para dar con la pose adecuada.

Exponer el vientre también realza su personalidad.

El ángulo de la mano le da un aire precoz.

El movimiento de las cintas añade vivacidad al personaje.

Las rodillas separadas.

Complexión pequeña igual que la Lolita.

La falda larga queda mejor.

Estiliza sus piernas para hacerlas parecer deliberadamente asexuadas.

Atención
Agranda las manos y los pies.

El reparto al completo

Es importante no pensar en los personajes individualmente y trabajarlos en relación con el grupo. Estudia cómo aparecen todos juntos, de manera que sus personalidades resalten a primera vista. Ajusta las alturas en función del papel y la edad de cada personaje.

Más jóvenes	**Heroína**	**Más mayores**
1:5,5-6 (relación cabeza : cuerpo)	1:6.-7 (relación cabeza : cuerpo)	1:6,5-7 (relación cabeza : cuerpo)

Personajes y pantallas

Debes elegir los patrones generales en función del tipo de juego:

1) Fondo visible. La pantalla cambia a medida que se desarrolla la acción.

2) El jugador entabla diálogo con los personajes. La pantalla cambia de acuerdo con acontecimientos específicos.

Normalmente 1) consiste en un diálogo entre personajes, mientras que 2) consiste en un diálogo entre el jugador y un personaje.

Pantalla mientras se controlan los movimientos de los personajes

Ésta es la pantalla básica de los juegos de rol, combate y acción. Los gráficos son bidimensionales y poco detallados.

Entrada de un personaje

¡Tú debes de ser el héroe legendario!

En el caso de juegos en los que se desarrolla una historia, el juego avanza con un cambio de toda la escena o con un cambio del fondo, manteniendo un diseño de pantalla básico, con la entrada del personaje que habla. El personaje está representado con detalle; para ello se suelen utilizar ilustraciones hechas a mano.

Pantalla de diálogo

| MIRAR | COGER DE LA MANO | CHARLAR | DAR REGALO |
| ELOGIAR | TOCAR | HABLAR DE EXÁMENES | SALIR |

Este tipo de juegos basan su diversión en las conversaciones y maniobras con las que el jugador puede interactuar con los personajes. Aventura y romance suelen acogerse a este patrón. El personaje suele mostrar una gran variedad de expresiones faciales en respuesta a las selecciones del jugador (sonrisa, ira, llanto, etc.)

Secuencia animada

En las caretas de apertura y cierre, y como introducción a acontecimientos importantes, hay fragmentos animados en los que el jugador se limita a observar. Normalmente estas secuencias las produce una empresa de animación.

Curso acelerado de edición I

Dibujo de Teruno Ôtsu, Odawara (Kanagawa)

Éste es el quinto volumen de la serie que contiene ejemplos y correcciones de trabajos enviados por nuestros lectores. En éste volumen empezaremos con este dibujo de Teruno Ôtsu. Tanto la camiseta como la chaqueta siguen un estilo actual de moda callejera. Sin embargo, la composición aparece desequilibrada. Para conseguir una figura natural no debes olvidar la estructura o el esqueleto de la misma. Antes de añadir los pequeños detalles, procura que las partes del cuerpo estén en posición adecuada y que los pliegues de la ropa sigan el contorno del cuerpo. No hacen falta posturas complicadas para conseguir un resultado llamativo. En este caso, la chaqueta y la camiseta son muy ilustrativas.

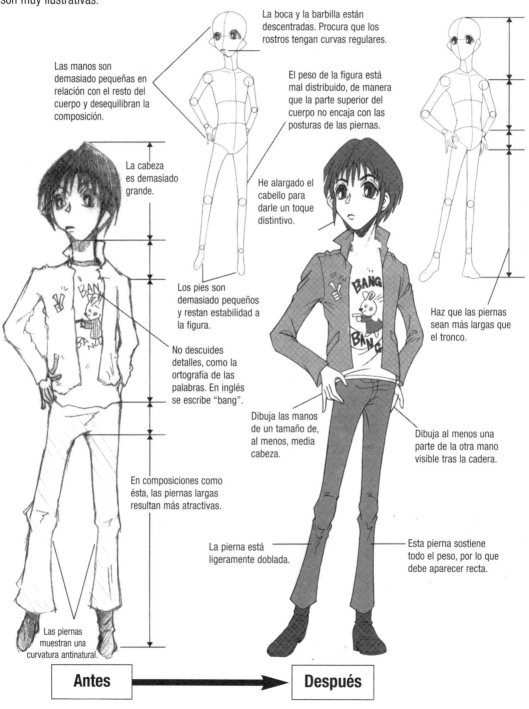

La boca y la barbilla están descentradas. Procura que los rostros tengan curvas regulares.

Las manos son demasiado pequeñas en relación con el resto del cuerpo y desequilibran la composición.

El peso de la figura está mal distribuido, de manera que la parte superior del cuerpo no encaja con las posturas de las piernas.

La cabeza es demasiado grande.

He alargado el cabello para darle un toque distintivo.

Los pies son demasiado pequeños y restan estabilidad a la figura.

No descuides detalles, como la ortografía de las palabras. En inglés se escribe "bang".

Haz que las piernas sean más largas que el tronco.

Dibuja las manos de un tamaño de, al menos, media cabeza.

Dibuja al menos una parte de la otra mano visible tras la cadera.

En composiciones como ésta, las piernas largas resultan más atractivas.

La pierna está ligeramente doblada.

Esta pierna sostiene todo el peso, por lo que debe aparecer recta.

Las piernas muestran una curvatura antinatural.

Antes → **Después**

CAPÍTULO 2

Expresiones de los personajes

¿Cuántas expresiones faciales son necesarias?

Aunque el reparto de personajes esté decidido, aún queda mucho trabajo por delante. Es cierto que los juegos no requieren tanto dibujo como las secuencias animadas; aun así, una sola imagen estática para cada personaje no basta. Especialmente en los juegos de romance, aventura y otros en los que aparezcan diálogos, las expresiones faciales características **mediante las que el personaje reacciona, sonríe cuando está contento, frunce el ceño cuando se enfada, etc.** son cruciales para conseguir un buen resultado.

¿Cuál es el número mínimo de expresiones faciales necesarias?

En el volumen 2 de *Cómo dibujar anime* ya vimos las expresiones faciales. Por mi experiencia, 60 expresiones faciales por personaje son suficientes para dotarlo de vida. Sin embargo, esto resulta bastante inviable si se tiene en cuenta la gran cantidad de trabajo que acarrea. De manera que me conformaré con presentaros las más básicas.

La mayoría de gente piensa que con placer, ira, tristeza y alegría ya tenemos cubiertas las emociones básicas, pero así no tenemos suficiente variedad.

De manera que, vamos a estudiar cómo se representan estas expresiones gráficamente para entenderlas mejor:

Rostro impasible: expresión estándar.
Placer: incluye risa y sonrisa.
Ira: incluye enfado, indignación, etc.
Tristeza: incluye llanto y caras tristes.
Sorpresa: Incluye sorpresa, miedo, etc.

Aparte de éstas, los videojuegos suelen mostrar:

Angustia, disgusto, arrogancia (expresión pícara) y vergüenza.

Así cada personaje tiene de 6 a 8 expresiones faciales para caracterizar cada una de sus personalidades distintivas.

		Personaje A
Resistencia	17	25 de agosto
Inteligencia	150	
Fuerza	21	
Orgullo	173	
Moralidad	215	
Sofisticación	120	
Intención	143	
Estilo	197	
Encanto	161	
Res. mental	212	
Valentía	18	

Estas son las especificaciones de la personalidad de un juego de simulación en el que el jugador se ocupa de cuidar a una *bishojo*.

Cejas y boca

En los primeros videojuegos, las expresiones variaban exclusivamente a través de las cejas y la boca para minimizar la memoria utilizada. Éstas son las expresiones básicas:

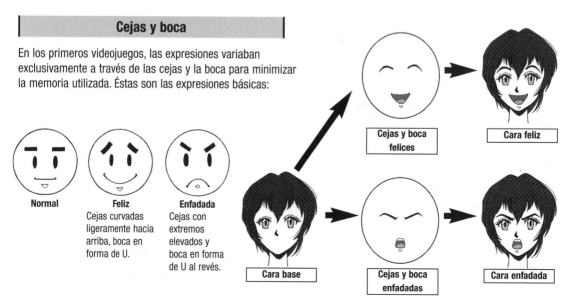

Normal

Feliz
Cejas curvadas ligeramente hacia arriba, boca en forma de U.

Enfadada
Cejas con extremos elevados y boca en forma de U al revés.

Cejas y boca felices

Cara feliz

Cara base

Cejas y boca enfadadas

Cara enfadada

Varios grados de emoción

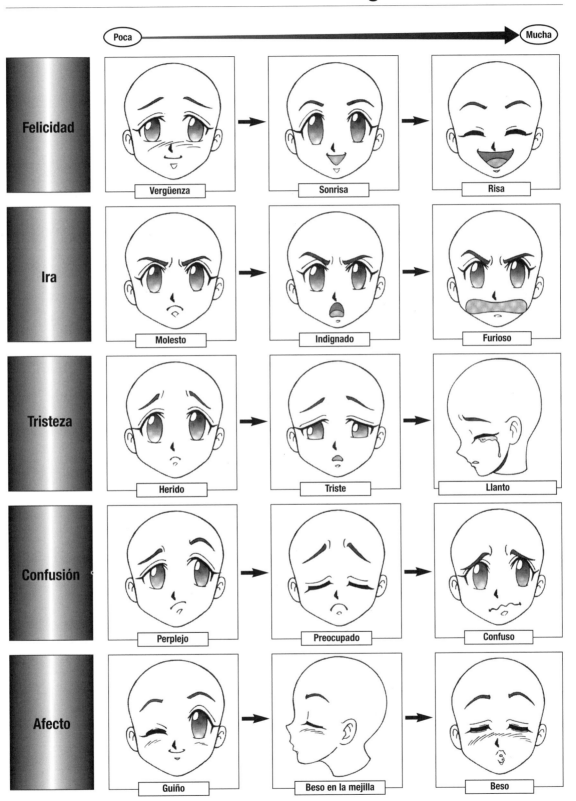

Poca → Mucha

Felicidad
- Vergüenza
- Sonrisa
- Risa

Ira
- Molesto
- Indignado
- Furioso

Tristeza
- Herido
- Triste
- Llanto

Confusión
- Perplejo
- Preocupado
- Confuso

Afecto
- Guiño
- Beso en la mejilla
- Beso

Expresiones faciales de la Heroína

Este personaje está diseñado para que guste a todos, de manera que no suele mostrar emociones negativas como odio o enfado. La mayor parte del tiempo aparece feliz y sonriente. Cuando la dibujes sacando la lengua, dibújala exageradamente pequeña y que no se le vean los dientes.

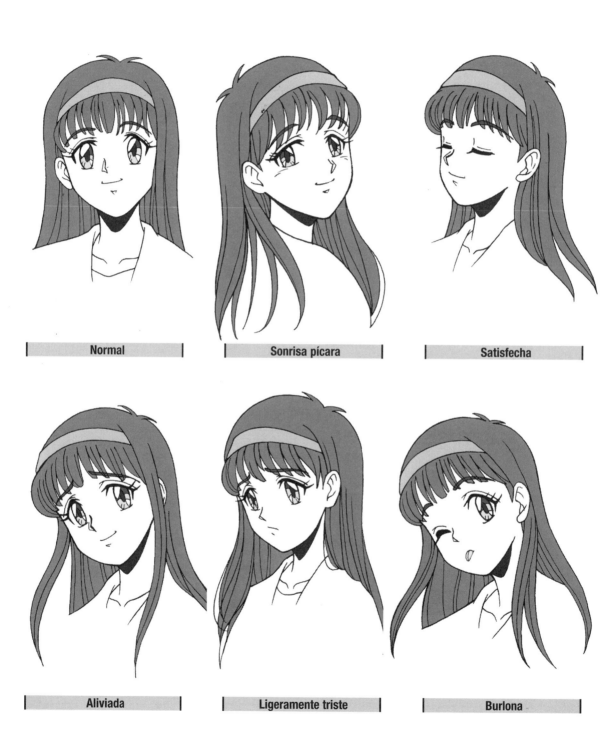

| Normal | Sonrisa pícara | Satisfecha |

| Aliviada | Ligeramente triste | Burlona |

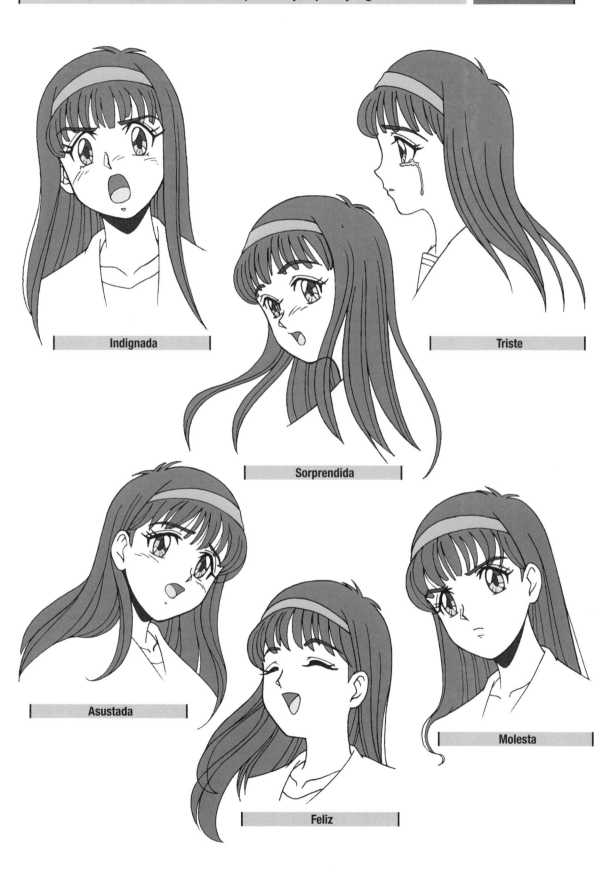

Indignada

Sorprendida

Triste

Asustada

Feliz

Molesta

Lenguaje corporal de la heroína

Su posición más frecuente es de pie con las rodillas juntas. Ocasionalmente se la puede mostrar con las rodillas separadas en momentos de sorpresa. Sus manos no se suelen elevar por encima de los hombros ni tampoco se alejan demasiado del cuerpo. Los pies apuntan hacia dentro. Mucho cuidado con las manos cuando la dibujes con la boca abierta por la sorpresa o la risa.

| Preocupada o pensativa | Triste o preocupada | Risa incontrolable |

Atención

Las poses "abiertas" (brazos extendidos y piernas separadas) indican personalidades extrovertidas, mientras que las poses "cerradas" (manos por debajo de los hombros, brazos cruzados o manos entrelazadas y rodillas juntas) sugieren personalidades reservadas e introvertidas.

Risa	Sorpresa, susto	Enfado

Expresiones faciales de la Empollona

Su rasgo más característico son las gafas, debido a las cuales recibe el apodo de "Cuatro ojos". Otro rasgo característico es que la boca tiende a apuntar hacia abajo. Se supone que es muy trabajadora y tiene buenos modales, de manera que evita dibujarla con la boca abierta de par en par al reír. Es preferible que muestre su alegría con expresiones menos escandalosas. Cuando aparece sin gafas, debe tener una imagen sorprendente y poderosa, así que no lo hagas muy a menudo o perderá el impacto.

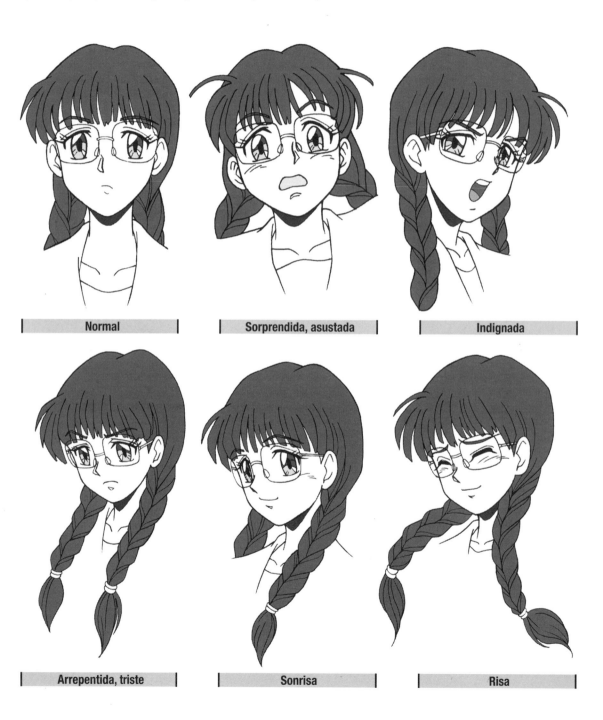

| Normal | Sorprendida, asustada | Indignada |

| Arrepentida, triste | Sonrisa | Risa |

Lenguaje corporal de la Empollona

Muéstrala con los brazos tras la espalda para subrayar su seriedad. Normalmente aparecerá con las piernas juntas. Perfecta para ser elegida delegada de clase. Cuando regaña a alguien sus miembros adoptan formas rectas, lo que le da un toque más severo.

| Distraída | Regañando | Preocupada, pensando |

Expresiones faciales de la Lolita

El mayor encanto de este personaje es su expresividad. El secreto a la hora de representarla es un uso efectivo de las cejas. Dales forma de V, añade pliegues en el entrecejo, etc. de acuerdo con las emociones que tratas de expresar. Experimenta también dibujándole una boca extremadamente pequeña o grande para conseguir efectos variados.

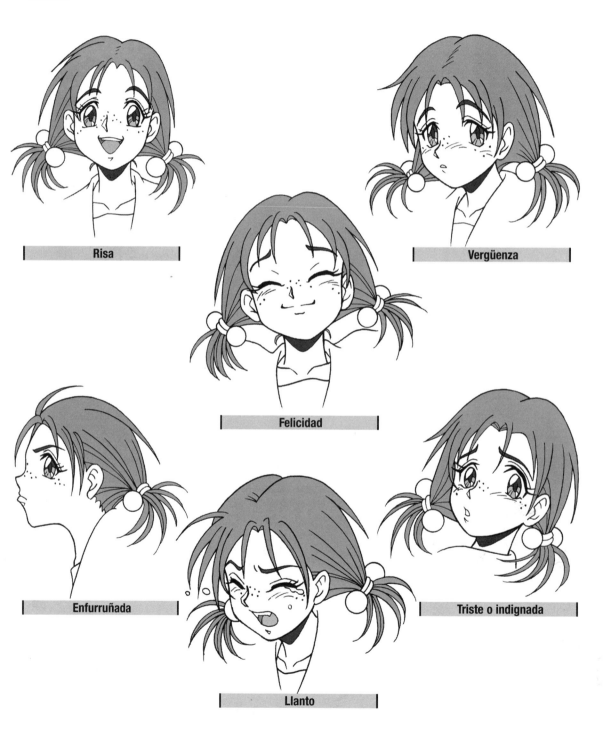

Risa

Vergüenza

Felicidad

Enfurruñada

Triste o indignada

Llanto

Lenguaje corporal de la Lolita

Puesto que se trata de un personaje más joven, las poses infantiles son muy efectivas. Normalmente separa los pies para enfatizar su inocencia. Cuando eleva los codos lo hace por encima de los hombros. Cuando exprese alguna emoción tiende a ser exagerada: correr, bailar alrededor de alguien, abrazar a las otras, etc.

| Burla | Contentísima | Desconsolada |

Expresiones faciales de la Chica rebelde

Las cejas más gruesas indican una personalidad más fuerte. Los ojos son más rasgados que los del resto de personajes. La menor distancia entre las cejas y los ojos le da un aire más duro. Evita enseñar la boca demasiado abierta e incluye una sombra en alguna parte de la cara. Este personaje suele ir con pelo largo y liso.

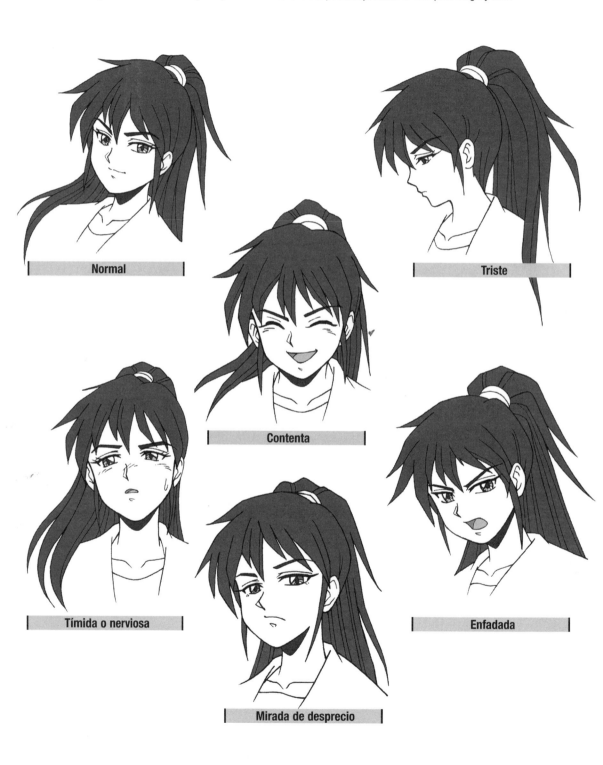

Normal

Triste

Contenta

Tímida o nerviosa

Mirada de desprecio

Enfadada

Lenguaje corporal de la Chica Rebelde

Muy a menudo utiliza poses provocadoras o guerreras. Los movimientos y gestos masculinos le van bien. La mano continuamente en el bolsillo indica una naturaleza reservada. Mostrarla con las rodillas y pies apuntando hacia dentro resultaría inadecuado.

| ¡Ven si te atreves! | ¡Qué desastre! | Avergonzada |

Expresiones faciales de la Atlética

La boca de este personaje es más grande que la de los otros personajes. De ahí que su riqueza expresiva esté basada en la boca, que se abre ampliamente cuando ríe, pero que es muy pequeña cuando está triste. Sus ojos son más altos que anchos, con reflejos que los hagan aún más grandes y redondos. Enseñando los dientes se acentúan sus rasgos masculinos. El cabello es típicamente corto; una cabellera larga entraría en conflicto con la naturaleza andrógina de este personaje.

| Normal | Sonrisa | ¡Ya está! |

| Sorprendida, indignada | Contenta | Triste |

Lenguaje corporal de la Atlética

Sus movimientos y gestos se corresponden con los de un chico. Especialmente cuando está enfadada, se la dibuja con líneas rectas y las piernas separadas. Independientemente de lo masculina que pueda ser la pose que adopte la parte superior del cuerpo, es mejor que sus rodillas apunten siempre hacia dentro y que denoten su naturaleza femenina.

| Sorprendida, asustada | Enfadada | Riendo avergonzada |

Expresiones faciales de la Sexy

Elevando los ojos un poco por encima del centro, lograremos un rostro más maduro. Procura que los ojos no queden exactamente redondos, sino ligeramente rasgados. Las pestañas son largas y espesas. Complétala con el pelo largo y ondulado. Una peca estratégicamente colocada le puede dar un toque interesante y atractivo.

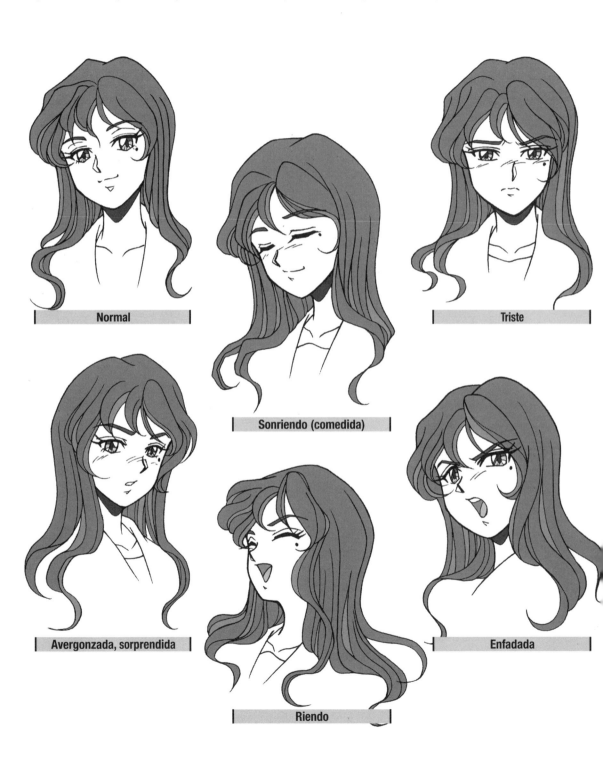

Normal

Sonriendo (comedida)

Triste

Avergonzada, sorprendida

Riendo

Enfadada

Lenguaje corporal de la Sexy

Esta chica es un poco arrogante, por lo que juguetea con su pelo y eleva la barbilla a menudo. El movimiento de sus largos dedos es muy importante: dibújalos arqueados como si quisiera enseñar sus largas uñas (pintadas). La cadera suele apuntar a una dirección u otra.

| Dándose aires | Riendo | Enfadada |

Expresiones faciales de la Princesita

No suele mostrar sus emociones abiertamente debido a su esmerada educación. Una boca más pequeña que la de las demás ayuda a acentuar su carácter tímido e introvertido. Añade rubor a su rostro con la mayoría de emociones para mostrar su delicada personalidad.

Normal

Avergonzada

Preocupada, triste

Sorprendida, asustada

Enfadada

Pensativa

Lenguaje corporal de la Princesita

Trata de mostrar una imagen seria, bondadosa y desvalida. Las manos suelen aparecer juntas, tras la espalda; los codos permanecen pegados al cuerpo; y las rodillas juntas. Todo ello muestra de su introversión. Le da vergüenza llorar, por lo que se cubrirá la cara con ambas manos.

| Preocupada | Sorprendida, asustada | Triste |

Expresiones faciales de la Listilla

Aunque también es más joven que las demás, este personaje se diferencia bastante de la Lolita. Dibújale largas cejas que ayuden a plasmar su picardía. Combina elementos contradictorios como cara de niña y ojos redondos, con elementos sexys como el cabello largo y ondulado y lunares. En esta mezcla reside el encanto del personaje.

| Normal |

| Aburrida, soñolienta |

| Sexy |

| Triste o arrepentida |

| Indignada |

| Disgustada |

Lenguaje corporal de la Listilla

Aunque también es más joven que las demás, este personaje se diferencia bastante de la Lolita. Dibújale largas cejas que ayuden a plasmar su picardía. Combina elementos contradictorios como cara de niña y ojos redondos, con elementos sexys como el cabello largo y ondulado y lunares. En esta mezcla reside el encanto del personaje.

| ¡Me has dejado seca! | Victoria | Indignada |

La Heroína

Este personaje es por lo general inocente, por lo que en situaciones de sorpresa sus expresiones son muy exageradas. Añadir un toque de rojo a las mejillas le dará un aire de simpleza. Para escenas donde se necesite crear impacto se la puede vestir con un traje muy femenino que contraste con su apariencia normal, lo que hará al personaje mucho más atractivo.

| Normal | Risa | Triste |

| Sorprendida o asustada | Preocupada | Traje alternativo |

La Empollona

Va siempre con la lógica por delante, por lo que sus gestos son poco pasionales, lo que se traduce en expresiones mínimas. Su personalidad básica debe mantenerse incluso cuando está vestida con un traje alternativo. Al dibujarla de pie utiliza líneas rectas aunque moderadamente rígidas.

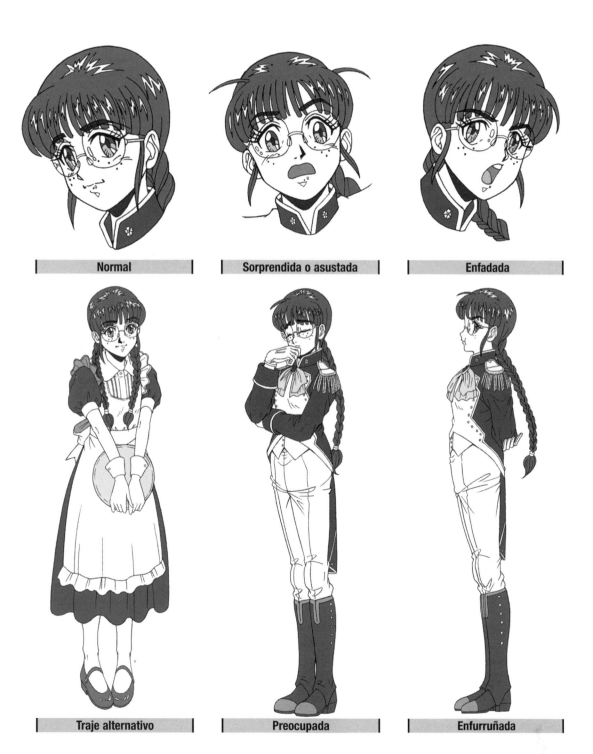

| Normal | Sorprendida o asustada | Enfadada |

| Traje alternativo | Preocupada | Enfurruñada |

La Lolita

Su inocencia infantil la hace propensa a mostrar sus emociones abiertamente. Los codos y las rodillas tienden a estar muy separados. La boca suele estar muy abierta y, cuando llora, lo hace de manera escandalosa. Para recalcar su candidez resulta efectivo dibujar la boca y los ojos desproporcionadamente grandes en relación con el resto de la cara.

| Normal | Sollozando | Enfurruñada |

| Llorando como una Magdalena | Traje alternativo | Burlándose |

La Atlética

Se trata de un personaje extrovertido y optimista; sus movimientos suelen ser masculinos. Se la suele representar con los puños cerrados, los dos pies firmemente asentados en el suelo y los dedos en tensión. En el caso de llevar traje alternativo, en lugar de uno muy femenino, es mejor optar por otro con toques masculinos que refleje mejor su personalidad.

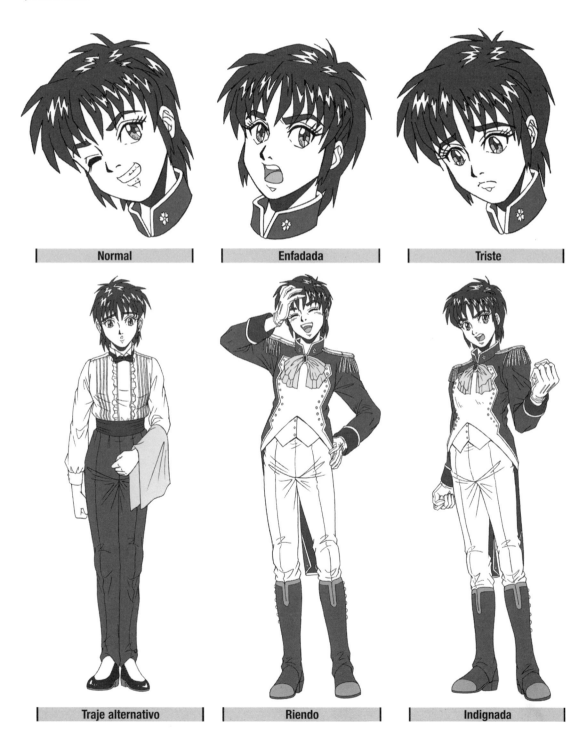

| Normal | Enfadada | Triste |

| Traje alternativo | Riendo | Indignada |

Juegos de acción: la Heroína

La heroína es capaz de realizar movimientos impresionantes en contraste con su naturaleza más bien delgada. De temperamento extrovertido y fiero, este personaje suele aparecer en juegos de acción en los que el jugador progresa a medida que completa pantallas o escenarios. Combina un fuerte sentido de la justicia con ternura y cierta facilidad de lágrimas. Exagera los movimientos de manos y piernas para hacer sus movimientos de lucha más llamativos visualmente.

| Normal | Impaciente | Sorprendida |

| Indignada | ¡Ya está! | Avergonzada |

La Heroína como *Magical Girl*

Este personaje que apareció en las series de anime ha pasado también a los videojuegos. Se trata de una chica de apariencia corriente que tiene en realidad poderes mágicos. Suele aparecer en poses de oración o formulando hechizos. Suele ser una escolar de primaria, así que utiliza el esquema corporal de una chica preadolescente.

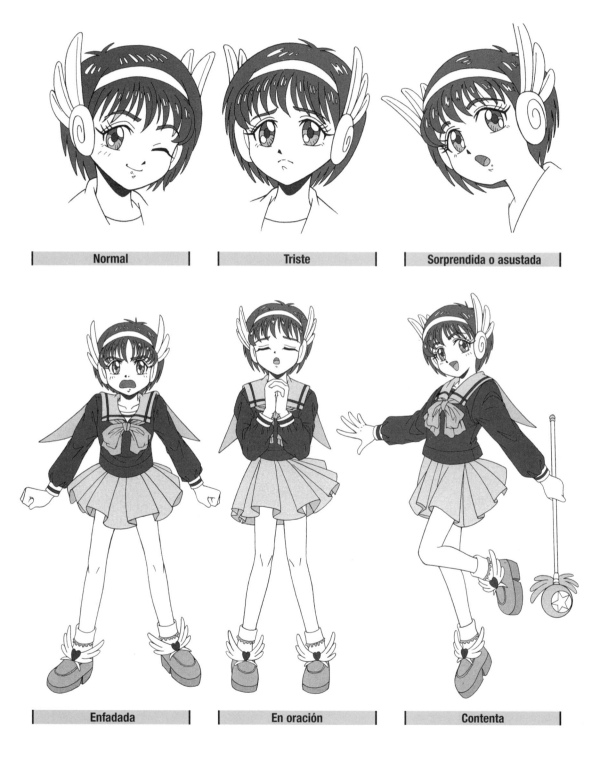

| Normal | Triste | Sorprendida o asustada |

| Enfadada | En oración | Contenta |

La Lolita gatuna

En este caso se trata de una chica gato, por lo que sus gestos deben ser felinos. Mientras que los demás personajes no enseñan los dientes, ella sí que puede mostrar los superiores. La cola cae hacia abajo cuando está triste y se mantiene enhiesta cuando está contenta. Cuando salte, exagera la altura del salto para remarcar su naturaleza felina.

| Normal | Enfadada | Soñolienta |

| ¡Me has dejado seca! | ¡Guay! | Sonrisa pícara |

Antiguos juegos de lucha

En los juegos de lucha modernos hay una cohorte de personajes femeninos entre los que elegir, pero antiguamente solía haber sólo uno. En esta página se presenta al primer personaje femenino de los juegos de lucha: fuerte y agraciada al mismo tiempo. La cabeza es un poco más pequeña y las piernas un poco más largas que en los personajes de animación normales. Con las cejas fruncidas en el rostro normal, tiene un aspecto más digno.

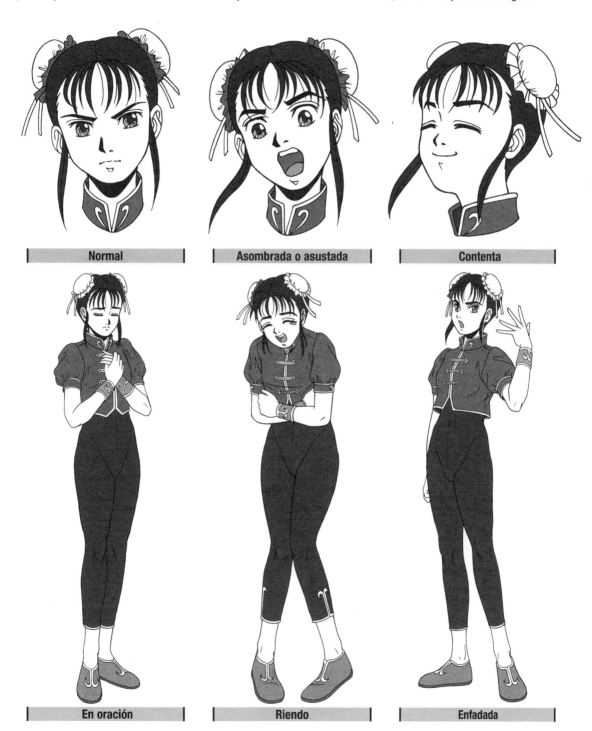

| Normal | Asombrada o asustada | Contenta |

| En oración | Riendo | Enfadada |

No importa lo bien que te haya quedado el personaje, si no encaja con el fondo, la historia no funcionará. La clave está en un **tratamiento adecuado de la composición.** Puede parecer sencillo a primera vista, pero es necesaria una **visión entrenada** para poder hacerlo. En las páginas siguientes presentaré algunas técnicas de composición de escena que resaltan a los personajes.

La Heroína

A continuación encontraréis cuatro modelos muy efectivos. El hecho de que la heroína sea muy importante no significa que tenga que aparecer siempre en medio de la pantalla.

La heroína y otros personajes de constitución más débil tienen tendencia a ponerse enfermas o caer heridas. Escenas en la **enfermería del instituto o el hospital** son muy importantes para el desarrollo de la historia. Estas escenas casi siempre muestran al personaje **con el pelo desordenado, enmarcado por la cabecera metálica de una cama.** Para subrayar la fragilidad del personaje es mejor una visión de medio cuerpo, y en cuanto al ángulo de visión, queda mejor tomar la perspectiva de alguien que está delante de la cama, con un ángulo de visión un poco bajo.

El árbol en la esquina del patio es un elemento muy importante que se puede utilizar en gran variedad de escenas. Para mostrar el paso de las estaciones se puede utilizar un árbol que cambie con las estaciones, como **el cerezo o el arce.** Situar la escena en un punto famoso o legendario de la escuela también da muy buenos resultados.

En estas escenas se suele hacer una visión general del personaje antes de que comience el diálogo. Con el árbol en un extremo y el personaje al lado creamos la sensación de que está esperando a alguien.

La Heroína

Este tipo de escena suele aparecer en situaciones tipo: el héroe va a dar una vuelta por la playa para contemplar el océano y se encuentra con… ella. ¡Menuda oportunidad! El problema es, cómo iniciar la conversación.

Puedes crear la atmósfera de un atardecer mágico posicionando al personaje a un lado a contraluz y **marcando el cabello con la luz mientras es agitado por el viento.** Elevar la línea del horizonte por encima del centro realza la atmósfera de este tipo de escenas.

En esta escena, tras momentos de acercamiento, la historia da un giro, y nos encontramos a la heroína llorando en el hombro del héroe. **La escena está estructurada a partir de un ángulo en perspectiva** para generar una sensación de desequilibrio. **Ocultar la cabeza del chico y mostrarlo de espaldas** es una técnica exclusiva, al parecer, de los juegos japoneses.

La Empollona

Como su apodo indica, este personaje transcurre más tiempo en la escuela que en cualquier otro sitio. El encanto de este personaje reside principalmente en la combinación de elementos duros (como delegada) y elementos bondadosos.

"¿Otra vez tarde? Eso es una falta grave". La escena transcurre por la mañana delante de la puerta del colegio. Todas las delegadas están en fila. El jugador no es delegado, así que seguramente se las tendrá que ver con alguna de ellas. Para darle más fuerza e impacto a la empollona haz que se adelante al grupo de manera que **sobresalga una cabeza.** Compón la escena desde un **plano visual un poco elevado** para que su cabeza llegue casi hasta el borde superior. Al aparecer con las piernas cortadas, el personaje parece mucho más grande todavía. El reloj de la escuela sutilmente situado en el fondo ilustra que el jugador ha llegado tarde.

Procura incluir situaciones variadas, no sólo de confrontación, sino también otras en las que el jugador pueda ayudarla. Esta variedad en las posibilidades de interacción da mucho juego. La empollona participa en múltiples actividades extraescolares, además de colaborar en la organización de eventos culturales y deportivos relacionados con la escuela. Ayudarla cuando corre por los pasillos cargada de cajas y libros es una buena oportunidad de que el jugador aumente su puntuación. **Enfocar la escena en ángulo inclinado** acentúa el desequilibrio, como si los libros estuvieran a punto de caerse. **Cortando la parte superior de la pila de libros** hacemos que parezca exageradamente grande. No olvides darle el movimiento adecuado a la trenza.

La Empollona

Aquí la presentamos sentada en un columpio de un parque cerca de casa. Mostrar aspectos desconocidos del personaje le añade mucho atractivo. Piensa en el aspecto serio y duro de este personaje.

Las trenzas deshechas pueden ser la señal de que ha ocurrido algo y la postura en la que está sentada le da a la escena un aire triste o melancólico. **Corta la parte superior y los lados** del columpio para que se extienda más allá del encuadre. Queda mejor un fondo sin personas.

En esta escena el impacto reside en la aparición de la "Cuatro ojos" **sin gafas.** Un emplazamiento típico es en la playa cerca del campamento de verano, donde ha ido a dar un paseo, y tras un súbito ataque de melancolía se ha visto obligada a quitarse las gafas y enjuagarse unas lagrimillas. Esta escena puede ser aprovechada para otros personajes. Sin embargo, el recurso de quitarse las gafas es exclusivo de la empollona. La línea del horizonte está más o menos en el medio y sus ojos brillan con la luz reflejada en el mar. Haz una distinción clara entre **zonas de luz tocadas por el sol y zonas en penumbra**: es muy importante para mantener la atmósfera de la escena.

La Lolita

Este personaje es muy vivaz y está siempre en movimiento. Como tiene unas facciones angelicales, procura hacerle tantos primeros planos como sea posible. La Lolita tiende a mostrar las emociones con todo el cuerpo, así que conviene que se la vea al completo. Elige por tanto los enfoques largos que permitirán que muestre un mejor lenguaje corporal.

¡Qué daño! En esta escena que transcurre durante la ceremonia de inauguración del curso, un estudiante con prisa acaba de hacerla caer. El **punto de vista es bajo**, como si el jugador también hubiera caído. La línea del horizonte está un poco por encima del centro. Los personajes del fondo se ven también desde un ángulo bajo. **Dibújalos con la parte superior del cuerpo fuera del encuadre. Hacer que las tablas vayan disminuyendo es una buena estrategia para simular profundidad.** Los apuntes y libros desparramados por el suelo sirven para marcar la fuerza del impacto.

¡Hola! Este personaje tiene la mala costumbre de aparecer siempre que el jugador prepara alguna maniobra con la heroína. Aunque en realidad es una pesada, procura darle un aire encantador y exagera sus gestos y movimientos. El encuadre deja fuera los extremos de las ventanas y las taquillas, mientras que el pasillo ocupa la parte central **para exagerar la sensación de profundidad. Posiciona al personaje en el centro con los dos brazos extendidos** haciendo una entrada llamativa y espectacular.

La Lolita

Este personaje aparece en los lugares más inesperados. Una vez toma confianza se acerca al jugador con inocencia infantil. **Los primeros planos** revelan el más mínimo error, así que pon mucho cuidado en los detalles. Cortar la parte superior de la cabeza da la impresión de que se está acercando más. Añade reflejos para indicar que está mirando hacia arriba. En esta perspectiva **en picado** el cuello queda oculto a la vista. Queda mucho mejor con un fondo neutro o sin fondo.

En esta escena, nuestra chica aparece en el campamento de verano. Para enfatizar la perspectiva **omite el cielo.** Sentándola en la arena remarcarás su personalidad infantil. Para dar la profundidad adecuada al encuadre, **dibuja las olas rompiendo en ángulo.** El castillo es un complemento adecuado tanto al escenario playero como a la naturaleza infantil del personaje.

La Chica rebelde

La personalidad de la chica rebelde aparece en más escenas de la vida privada que en el colegio. La moto y la guitarra son elementos típicos de su personalidad. Usa principalmente trazos cortos para la chica rebelde. Los planos cortos se deberían mantener a una distancia moderada para conseguir un sentido de frialdad.

"No vienes mucho por aquí", ella se agita bruscamente hacia el jugador en una escena nocturna de calle. Las escenas de colegio de la chica siempre solitaria muestran emociones diametralmente opuestas a la profundidad de este personaje. **Un corte mayor de la moto hará que sea difícil de distinguir,** así que intenta mostrar tanto como puedas. Si añades toques de luz en las áreas metálicas conseguirás la ilusión de las luces de neón reflectantes de la ciudad. **Evita añadir demasiados detalles en el fondo:** dibuja simplemente luces para obtener resultados más efectivos. Suprimir el cielo creará una sensación más real de estar en la calle con ella.

Esta escena muestra a una chica cantando en un club de la cuidad. Si el personaje es diestro, la guitarra ha de estar sujetada con la cinta en el lado izquierdo del cuello. Una guitarra tiene seis cuerdas. **Cortar ligeramente la parte superior de la cabeza cuando estamos dibujando un ángulo en contrapicado** evoca el sentido de estar mirando hacia arriba, y parece que el personaje sea más alto. Dibujar todo el cuerpo desde sus pies también supone que dibujes el techo y los cables, así que si lo encuadras desde la cintura para arriba produce una composición más nítida. Más que dibujar la luz directamente sobre ella desde arriba, dibújala viniendo de un ángulo oblicuo de enfrente del personaje, con la fuente de luz de algún sitio fuera del marco. Evita dibujar un fondo confuso.

La Chica rebelde

Esto es una escena del personaje en un parque por la noche, de pie mirando tranquilamente el océano. Es importante mostrar otras facetas del personaje además de la imagen de "chica rebelde". Mantén una vaga dirección de su mirada para hacerle más difícil al jugador una aproximación hacia ella o él. Dibujar la barandilla más ancha en el primer plano de la imagen y estrecharlo al fondo dará sensación de profundidad. Varía el tamaño de las luces de la ciudad de la orilla opuesta. Si muestras en la composición un cielo en expansión y cortas la imagen por sus piernas, conseguirás el ambiente deseado. Haz la porción de cielo superior más oscura y **suavízala gradualmente como si descendiera hacia la parte inferior del plano.**

En esta escena, tras haber ayudado a nuestra chica de la moto a repararla o después de haberla salvado de unos matones desagradables, pasa de largo y se gira de repente hacia el jugador. Esto también podría servir para una escena del Día de los Enamorados. Si dibujas a este personaje intentando ocultar su mirada para esconder la vergüenza, mostrarás su personalidad real con más precisión. Usa ángulos oblicuos con el regalo envuelto **para conseguir volumen y profundidad. Si incluyes el cielo,** evocarás una sensación de mirar hacia arriba desde debajo de las escaleras.

La Atlética

Esta chica ha sido una atleta desde su infancia. Haz un esfuerzo par dar a la composición una sensación de velocidad o movimiento para mostrar este aspecto de su personalidad. Los fondos abstractos son típicos en el manga, por ejemplo las llamas furiosas o las líneas de velocidad son un toque de efecto. Siempre he representado a este personaje con el pelo corto. Cuando lo muestro con el pelo largo, lo dibujo con el pelo recogido en una cola de caballo.

"¿A que no me puedes?" En esta escena, la chica reta al jugador. Distorsiona y exagera el tamaño de su mano, que está avanzando hacia el jugador. Añade llamas de fuego en el fondo para sugerir que tiene un espíritu luchador. Si muestras **la mano izquierda avanzando hacia delante** conseguirás una composición mejor. **Centra el personaje,** teniendo la base de las llamas separada de la parte inferior de su cuerpo. Esto evoca un impacto mayor. No te olvides de darle movimiento al pelo.

Aquí vemos a nuestra chica corriendo con todas sus fuerzas. Cuando quieras mostrar al personaje entero corriendo, pero al mismo tiempo intentes mantener el magnetismo de su expresión, tienes la opción de dibujar **un plano general y uno corto simultáneamente en la misma escena.** La clave está en mostrar al personaje y su doble adelantándola. Dibujar al personaje **corriendo de derecha a izquierda** creará una composición con más efecto. Las líneas de velocidad de fondo están dispuestas en grupos de dos o tres líneas, dibujadas más estrechas que aquéllas utilizadas para el contorno del personaje. Si sólo dibujas la mitad superior del cuerpo del personaje del primer plano, conseguirás un efecto de velocidad.

La Atlética

En esta escena nuestra chica está lesionada y no puede participar en los encuentros deportivos. **Los personajes en los deportes normalmente no sufren heridas.** Esto no sólo limita sus movimientos, sino que también supone hacer el doble de dibujos del personaje. Además, las lesiones importantes que requieren que el personaje sea hospitalizado suponen un mayor desarrollo de la historia. **Si dibujas al personaje inclinándose hacia delante** conseguirás ilustrar su estado emocional de ansiedad. Un plano en picado habría oscurecido su cara a la vista, por lo tanto, aquí se ha usado un plano en contrapicado. Coloca el vendaje en algún lugar muy visible. Si dibujas todos los detalles de la verja, podrías eclipsar el fondo, así que mejor dibuja sólo algunos detalles aislados.

Ésta es una escena de diálogo en la que, tras haber sido herida, la están trasladando en brazos a casa. Para mostrar la situación mejor, un plano general mostrando a ambos por completo podría ser también necesario. Sin embargo, un primer plano de esta escena es más efectivo **para acentuar su interacción verbal o sus expresiones faciales.** Si amplias las cabezas y el codo de los personajes en el marco de la composición, conseguirás centrar la atención del jugador en la cara. Si es una escena en la que se transporta a uno de los personajes a hombros, usa una perspectiva desde arriba.

La Sexy

Es un personaje más maduro, a menudo en una posición superior al jugador. Por lo tanto, se le suele dibujar con un aire de calma. El dominio de este personaje son las escenas con un matiz sexual. Cuando dibujes una escena de este tipo, haz que parezca que se divierte con el jugador.

Ésta es una escena provocativa que muestra a nuestra chica en un paisaje con unas fuentes termales. Este tipo de escenario consiste en un encuentro casual con el jugador en unas vacaciones en unas fuentes termales. Si la escena está dibujada desde la perspectiva del jugador, usaremos **un ángulo alto para crear la ilusión de estar mirando hacia abajo. Si dejas la fuente de agua caliente cortada por la mitad**, se incrementará la sensación de profundidad. Dibuja también una estela de vapor en los bordes del marco. Si oscureces el conjunto de la composición, conseguirás resaltar la blancura de su piel. El cubo de madera y el banco están dibujados para ilustrar mejor que la escena tiene lugar en unas fuentes termales.

Aquí vemos a nuestra chica en la playa. Aunque se trata también de la chica Sexy, la imagen de sus pies descalzos y llevando un vestido, le da un **aire dulce.** Muestra una imagen completa del personaje dando un paseo hacia el plano de la imagen. **Al omitir el cielo e incluir sólo el mar** en el fondo evocamos un ambiente romántico. Añade algunos reflejos a las olas para crear la sensación de una playa soleada. Para contrastarlo, deja al personaje en sombra y mantén su expresión facial indistinta: así lograrás un mayor impacto en la siguiente escena que muestra al personaje en primer plano.

La Sexy

Esta postura típica de nuestra chica la muestra **mirando al jugador, que se encuentra más abajo, y ofrece una imagen tentadora.** La vista de su escote acentúa su encanto seductor. Para dar la sensación de un sol deslumbrante, **podemos utilizar hexágonos distorsionados para sugerir los rayos de sol. Como la chica mantiene una posición superior al jugador, la escena está compuesta por una perspectiva en contrapicado.** Imagina que el jugador está tumbado en la arena mirando hacia arriba. No dibujes las piernas al completo. Está prácticamente alumbrada por una luz posterior, pero añade unos cuantos toques blancos donde la luz del sol toca su cuerpo y cara para dar sensación de volumen.

Como se trata de un personaje mayor, se le puede mostrar bebiendo alcohol. Si incluyes escenas de ella borracha o afligida, le permitirá al jugador verla indefensa, sin engaño, **presentando un aspecto totalmente nuevo y dándole aún más atractivo.** En estas escenas **intenta darle una apariencia llorosa o de niña.** Acerca tanto la cara que la parte superior de la cabeza y los hombros estén cortados por la composición del marco. Oscurece el fondo para hacer su cara más prominente. Compón esta escena desde un ángulo que evoque un ambiente tenso, a la vez que ilustras la sensación de acercarse a un personaje masculino.

En estos dibujos, vemos que el artista ha añadido a su diseño de vestidos algunos elementos mágicos y de fantasía. La proporción del cuerpo con la cabeza está bien equilibrada, aunque el cuerpo carece de sensación de peso y volumen. A menos que estés trabajando simplemente en bocetos, intenta evitar que tus dibujos sean tan simétricos: esto puede hacer que tu material gráfico pierda movimiento.

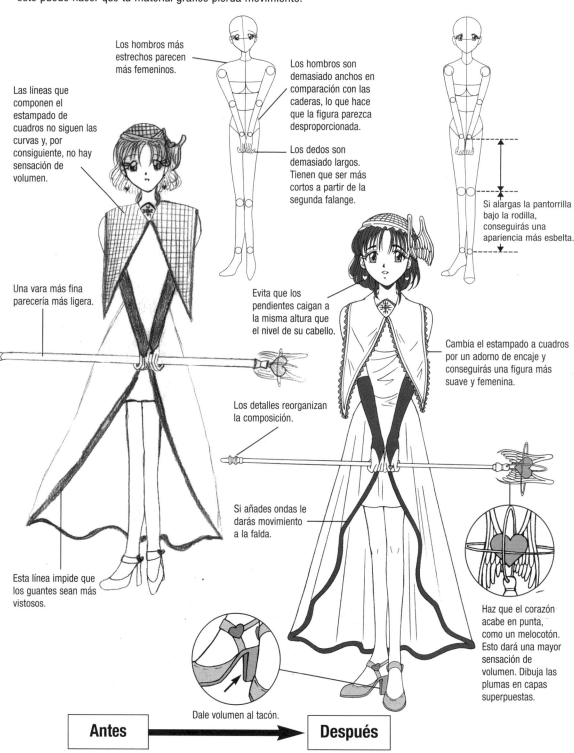

Los hombros más estrechos parecen más femeninos.

Las líneas que componen el estampado de cuadros no siguen las curvas y, por consiguiente, no hay sensación de volumen.

Los hombros son demasiado anchos en comparación con las caderas, lo que hace que la figura parezca desproporcionada.

Los dedos son demasiado largos. Tienen que ser más cortos a partir de la segunda falange.

Si alargas la pantorrilla bajo la rodilla, conseguirás una apariencia más esbelta.

Una vara más fina parecería más ligera.

Evita que los pendientes caigan a la misma altura que el nivel de su cabello.

Cambia el estampado a cuadros por un adorno de encaje y conseguirás una figura más suave y femenina.

Los detalles reorganizan la composición.

Si añades ondas le darás movimiento a la falda.

Esta línea impide que los guantes sean más vistosos.

Haz que el corazón acabe en punta, como un melocotón. Esto dará una mayor sensación de volumen. Dibuja las plumas en capas superpuestas.

Dale volumen al tacón.

Antes ➡ **Después**

CAPÍTULO 3

Uniformes y vestidos

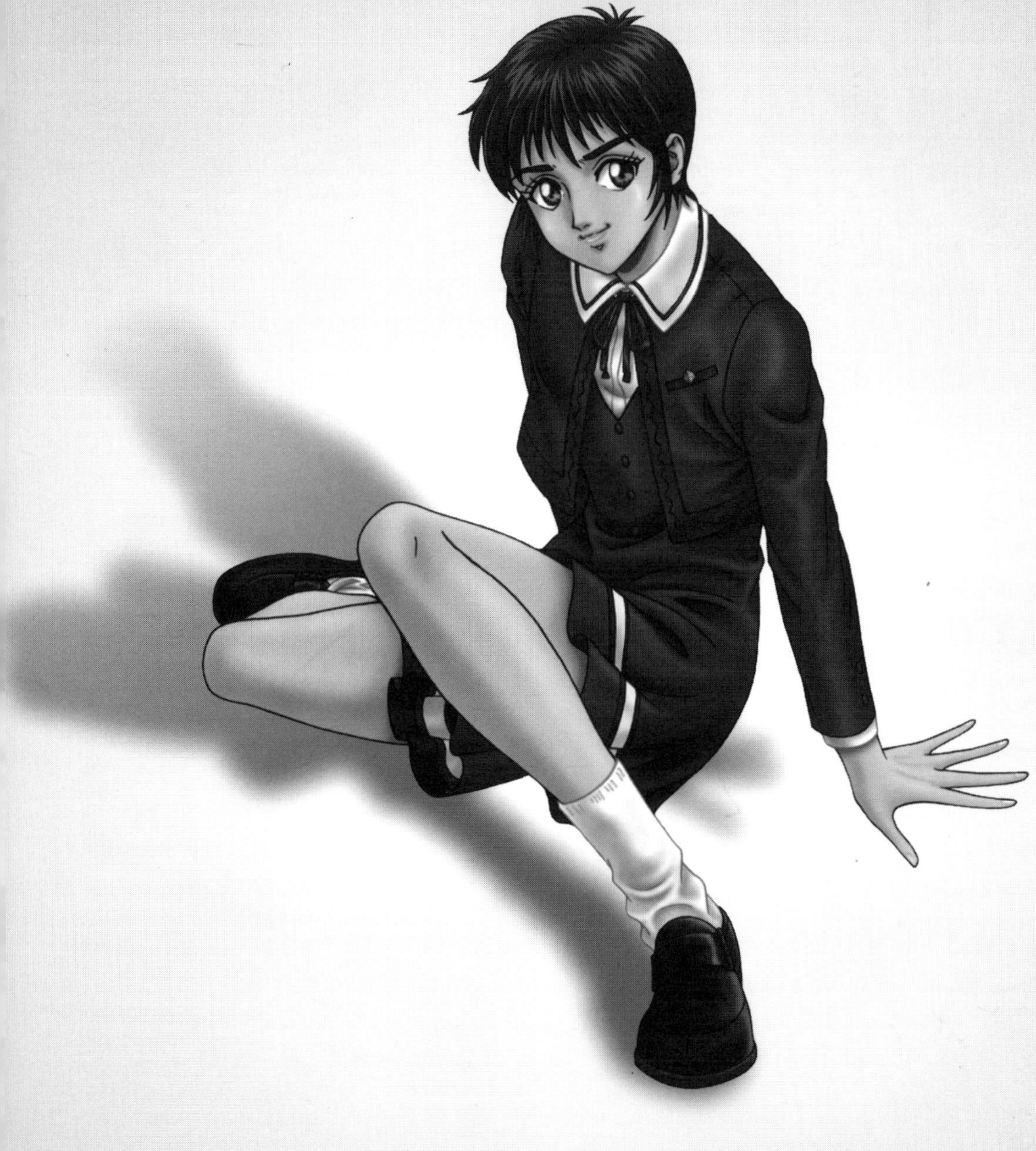

Recientemente, una variedad de diseños de uniformes, incluidos los de marca, han aparecido en el mercado, pero debes estar seguro de que eres capaz de dibujar por lo menos el típico vestido de marinerito y su chaqueta. Una vez que seas experto en dibujarlos, haz un estudio de la variedad de artículos que componen un uniforme y pon a prueba tu mano creando tus propios diseños originales. Las próximas páginas presentan algunas variaciones basadas en uniformes reales disponibles en las tiendas.

Uniforme tipo marinerito

El uniforme tipo marinerito es el artículo esencial para escenas animadas que tengan lugar en escuelas o en juegos de simulación de romances. Como su nombre indica, se deriva de aquellos uniformes que llevaban los marineros alistados en la armada. Añade toques idiosincrásicos, como una falda corta justo por debajo de las nalgas o calcetines gruesos y rozados, cuando quieras acentuar la individualidad de un personaje.

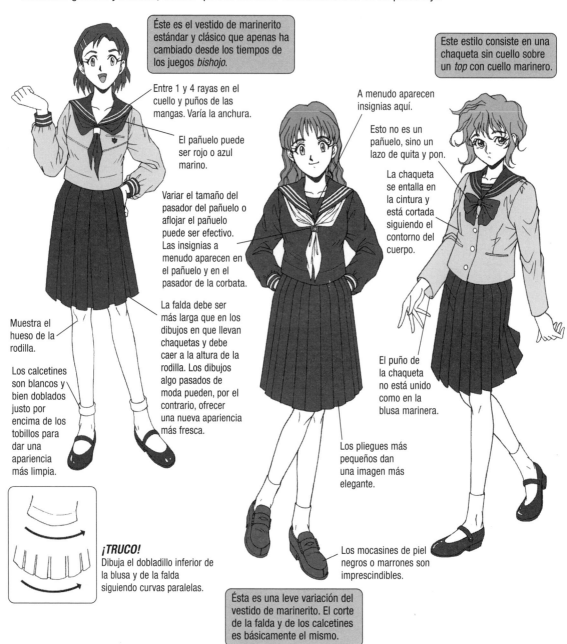

Éste es el vestido de marinerito estándar y clásico que apenas ha cambiado desde los tiempos de los juegos *bishojo*.

Este estilo consiste en una chaqueta sin cuello sobre un *top* con cuello marinero.

Entre 1 y 4 rayas en el cuello y puños de las mangas. Varía la anchura.

A menudo aparecen insignias aquí.

El pañuelo puede ser rojo o azul marino.

Esto no es un pañuelo, sino un lazo de quita y pon.

Variar el tamaño del pasador del pañuelo o aflojar el pañuelo puede ser efectivo. Las insignias a menudo aparecen en el pañuelo y en el pasador de la corbata.

La chaqueta se entalla en la cintura y está cortada siguiendo el contorno del cuerpo.

La falda debe ser más larga que en los dibujos en que llevan chaquetas y debe caer a la altura de la rodilla. Los dibujos algo pasados de moda pueden, por el contrario, ofrecer una nueva apariencia más fresca.

El puño de la chaqueta no está unido como en la blusa marinera.

Muestra el hueso de la rodilla.

Los calcetines son blancos y bien doblados justo por encima de los tobillos para dar una apariencia más limpia.

Los pliegues más pequeños dan una imagen más elegante.

Los mocasines de piel negros o marrones son imprescindibles.

¡TRUCO!
Dibuja el dobladillo inferior de la blusa y de la falda siguiendo curvas paralelas.

Ésta es una leve variación del vestido de marinerito. El corte de la falda y de los calcetines es básicamente el mismo.

Otros dibujos

Los vestidos de marinerito tienen diferentes aspectos, dependiendo de si es verano o invierno. Alterna tus vestidos de marinerito para hacerlos coincidir con un acontecimiento o una estación. Esto dará la sensación de la época del año.

Este uniforme de verano consiste en una blusa con un cuello marinero combinada con un chaleco. El azul marino utilizado en invierno es reemplazado por un azul claro, creando así una apariencia más fresca y jovial.

Este conjunto incluye una chaqueta de invierno de un tejido grueso con un cuello marinero, lo que requiere que la falda esté fabricada en un tejido grueso a juego.

Una insignia es una buena alternativa al típico lazo anudado.

El gran cuello ablanda la apariencia rígida del la chaqueta del vestido.

Al dibujar, procura crear la ilusión de que el cuello continúa en la espalda.

Para sugerir el tejido grueso, añade menos líneas imaginarias de lo normal.

Añade algunas líneas imaginarias para crear la sensación de una tela fina.

Una costura simula la parte superior del hombro. Incluye también algunas en el hombro más allá de esta línea.

Añade un cuello y un lazo a la chaqueta.

Estas líneas establecen la posición del pecho.

Esta línea imaginaria ayuda a sugerir la textura de la piel.

Si muestras parte de las mangas de la blusa darás una apariencia más graciosa.

¡NO!

El bajo escalonado para continuar cada pliegue. Si dibujas una ligera curva no dará la impresión de una falda plisada.

Y además...
La anchura de los pliegues debería estrecharse a medida que se acerca a los extremos de la falda. Prueba a dibujar un cilindro para comprobar cómo debes hacerlo.

Y además...
Manteniendo unas distancias relativamente similares desde la barbilla a la cintura, desde la cintura al final de la falda y desde el final de la falda hasta los talones, debería conseguirse una figura bien equilibrada.

Éste es un uniforme de invierno que incluye chaqueta. También hay algunas escuelas en la que se sustituye por un conjunto de rebeca.

Americanas y chaquetas

Recientemente, la combinación de americana y falda ha tenido más popularidad que el traje de marinerito, y sería fácil encontrar modelos de referencia en el tren o en el vecindario. La americana tiene más apariencia de traje, así que combinada con una falda más corta de la que se suele usar en el traje de marinerito dará al personaje una apariencia más graciosa.

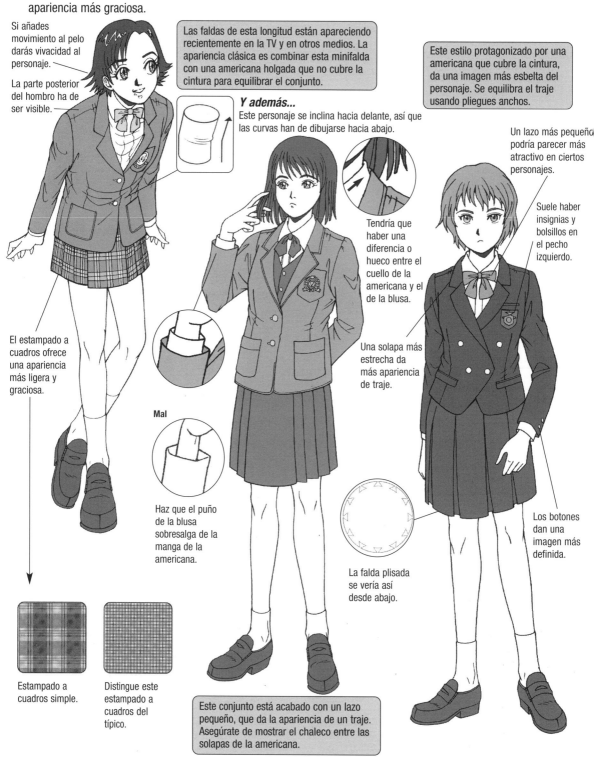

Si añades movimiento al pelo darás vivacidad al personaje.

La parte posterior del hombro ha de ser visible.

Las faldas de esta longitud están apareciendo recientemente en la TV y en otros medios. La apariencia clásica es combinar esta minifalda con una americana holgada que no cubre la cintura para equilibrar el conjunto.

Este estilo protagonizado por una americana que cubre la cintura, da una imagen más esbelta del personaje. Se equilibra el traje usando pliegues anchos.

Y además...
Este personaje se inclina hacia delante, así que las curvas han de dibujarse hacia abajo.

Un lazo más pequeño podría parecer más atractivo en ciertos personajes.

Suele haber insignias y bolsillos en el pecho izquierdo.

Tendría que haber una diferencia o hueco entre el cuello de la americana y el de la blusa.

El estampado a cuadros ofrece una apariencia más ligera y graciosa.

Una solapa más estrecha da más apariencia de traje.

Mal

Haz que el puño de la blusa sobresalga de la manga de la americana.

La falda plisada se vería así desde abajo.

Los botones dan una imagen más definida.

Estampado a cuadros simple.

Distingue este estampado a cuadros del típico.

Este conjunto está acabado con un lazo pequeño, que da la apariencia de un traje. Asegúrate de mostrar el chaleco entre las solapas de la americana.

Otros dibujos

Una chaqueta no es simplemente una chaqueta, y los diferentes diseños han sido creados variando el corte del cuello o los bajos. Cuando uses una chaqueta con un diseño más elaborado, combínalo con una falda de colores y diseños simples para equilibrar el traje.

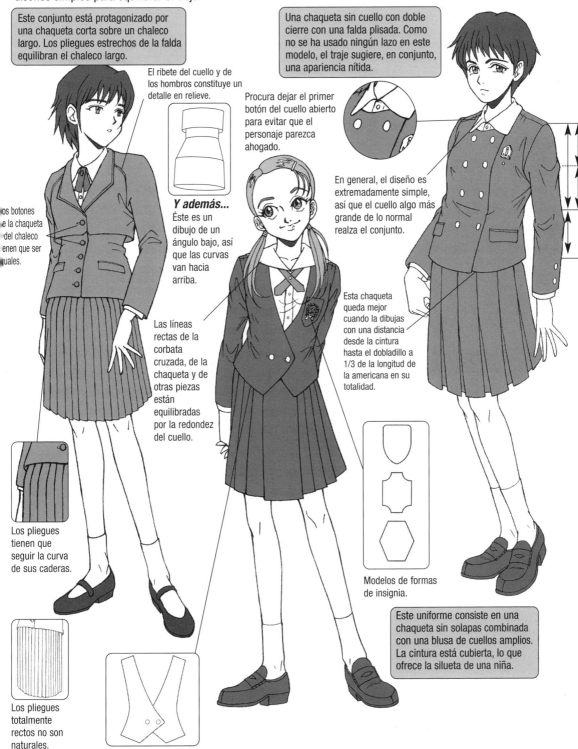

Este conjunto está protagonizado por una chaqueta corta sobre un chaleco largo. Los pliegues estrechos de la falda equilibran el chaleco largo.

El ribete del cuello y de los hombros constituye un detalle en relieve.

os botones e la chaqueta del chaleco enen que ser uales.

Los pliegues tienen que seguir la curva de sus caderas.

Los pliegues totalmente rectos no son naturales.

Corte utilizado.

Y además...

Éste es un dibujo de un ángulo bajo, así que las curvas van hacia arriba.

Las líneas rectas de la corbata cruzada, de la chaqueta y de otras piezas están equilibradas por la redondez del cuello.

Una chaqueta sin cuello con doble cierre con una falda plisada. Como no se ha usado ningún lazo en este modelo, el traje sugiere, en conjunto, una apariencia nítida.

Procura dejar el primer botón del cuello abierto para evitar que el personaje parezca ahogado.

En general, el diseño es extremadamente simple, así que el cuello algo más grande de lo normal realza el conjunto.

Esta chaqueta queda mejor cuando la dibujas con una distancia desde la cintura hasta el dobladillo a 1/3 de la longitud de la americana en su totalidad.

Modelos de formas de insignia.

Este uniforme consiste en una chaqueta sin solapas combinada con una blusa de cuellos amplios. La cintura está cubierta, lo que ofrece la silueta de una niña.

Uniformes de verano

Los veranos son más calurosos, así que los uniformes tienen que adaptarse también a las altas temperaturas. Los uniformes de verano suelen ser de tejidos más frescos y vaporosos y los colores también reflejan este cambio de estación, así que normalmente se escogen tejidos blancos y azules. Estos tejidos son más ligeros que los de los uniformes de invierno. Por tanto, cualquier movimiento del personaje deberá reflejarse en la ropa.

Haz coincidir las costuras del hombro de la blusa con las de las hombreras del vestido sin mangas.

Define bien la línea del pecho en el contorno del vestido sin mangas.

Y además...
El lazo está anudado sobre el primer botón. Por tanto, el borde del cuello tiene que verse.

Abierto   El lazo se anuda aquí.   Mal

Si dibujas la corbata sobre el nudo, anudada al cuello, conseguirás un efecto de tres dimensiones.

Muestra el ajuste del tejido justo por debajo del cinturón para dar la sensación de volumen.

Usa una sutil curva en el contorno de la hebilla del cinturón.

Mal

Si usas líneas muy rectas para el cinturón dentro de la hebilla, la imagen perderá la sensación de tres dimensiones.

Deja que el dobladillo caiga justo por debajo de las rodillas.

Usa ángulos afilados y muy finos en el borde de la blusa para acentuar la apariencia de un traje dinámico.

El diseño elaborado y complicado de la blusa, está equilibrado con una falda corta con pliegues anchos para mostrar una apariencia cuidada y elegante.

Evoca la sensación de los tejidos haciendo distinción entre el contorno exterior de la blusa y el de la falda.

Este clásico uniforme de verano consiste en un vestido sin mangas. La cintura está entallada con un cinturón hecho del mismo material.

Añade los adornos sólo en la parte exterior de los pliegues.

El protagonista de este uniforme es una corbata en vez de un lazo. Si usas diferentes sombras de un mismo tono, tendrás un diseño muy favorecedor.

Esta blusa es bastante complicada, un diseño genial. Coordina los tonos de los adornos con los de la falda para una apariencia más elegante.

Vestidos sin mangas

Los vestidos sin mangas ofrecen una apariencia clásica de niña, algo diferente del traje de marinerito. Los vestidos sin mangas con blusas de manga larga se pueden usar en temporadas transitorias como la primavera y el otoño. En invierno, también se suele usar una chaqueta.

Y además...

Procura escalonar la altura de las líneas de contorno del cuello, el tirante del vestido y la blusa.

Para crear un *look* invernal moderno, se usa una torera sobre un vestido sin mangas. Cuando dibujes un conjunto así, evita añadir un cinturón o cualquier otro accesorio que acentúe su cintura.

Puedes darle a la apariencia del personaje un toque europeo para combinar su ropa

Dibuja el cuello por fuera de la chaqueta

Esta es una falda corta: combínala con una chaqueta entallada para equilibrar el conjunto.

Usa diferentes líneas para el contorno del brazo y de la manga.

Recuerda incluir la parte trasera del hombro y pequeños pliegues alrededor de la cintura.

Haz la manga holgada a la altura del hombro para dar una apariencia rimbombante.

Si dibujas el cuello más pequeño, lograrás que el lazo destaque.

Si dejas que los botones acaben a la altura de la cintura, conseguirás una imagen más graciosa que si los dibujas hasta el final del vestido.

Añade botones decorativos en vez de un cinturón para dar un toque gracioso.

Usa líneas en arco para las líneas de unión.

Para esta longitud de falda queda más atractivo que la dibujes justo un puño por debajo de la rodilla.

Los pliegues estrechos ofrecen la apariencia de una chica más joven. La falda debe ir justo por debajo de las rodillas para mostrar una imagen más pulcra y ordenada.

Usa una leve línea ondulada en el dobladillo para acentuar la suavidad del tejido. Cuidado: usar ondas más anchas de lo que se muestra aquí haría parecer que tu personaje acaba de salir de un cuento de hadas.

Este vestido sin mangas recuerda a una chica de primaria y es mejor utilizarlo para un personaje gracioso y menos maduro.

Un diseño funcional con un corte similar al de un delantal. Unos tirantes finos quedan muy bien en un diseño como éste.

Chaquetas tipo sastre

Estas chaquetas, que llegan justo por encima de las caderas o un poco más arriba, incluidas las toreras, que terminan en la cintura o por encima de ésta, se usan abiertas por delante. La chaqueta sastre da una apariencia más femenina que la típica americana o chaqueta, y son perfectas para usarlas con los personajes tipo princesa. Por lo que respecta a uniformes de colegio, las chaquetas sastre no son tan comunes como los trajes de marinerito o los conjuntos de americana, pero aún así son típicos.

Éste es un conjunto de torera con falda de vuelo. Este diseño tiene mucha elegancia y sugiere que su portadora proviene de una familia influyente. El pelo largo queda mejor para este personaje.

¡NOTA!
Los bucles de los lazos atados a mano tienden a caer.

Mal

Esta chaqueta tiene un diseño algo complicado, por lo que está combinada con una falda simple con pliegues mínimos para equilibrarlo.

La frente despejada es mejor para un peinado más maduro

Los colores usados en el ribete y en el lazo deben contrastar. Si combinas los dos presentarás una apariencia más modosa.

El protagonista del sofisticado diseño son los pliegues frontales.

El tejido de este modelo es grueso, por lo que la superficie es un poco rugosa.

Añade botones con insignias como elemento decorativo. Cuatro o seis bastarían.

La solapa del bolsillo está cosida por debajo de la pinza. Usa dos líneas para arriba y una para abajo.

Puedes usar calcetines altos en vez de escarpines cuando dibujes una falda con pocos pliegues.

Llevar medias en lugar de calcetines le da al personaje un aire más maduro.

Y además...
Para dibujar las ondas de la falda de vuelo, dibuja cada onda por separado, trasladando la línea desde la costura hacia arriba. Después añade líneas delgadas verticales para los pliegues y las ondas más detalladas.

Crea un diseño más sofisticado con los mismos zapatos básicos añadiendo hebillas y con la puntera más afilada.

Este refinado diseño se caracteriza por los ribetes de diferente material del usado en el resto de la chaqueta. El lazo postizo está sujeto al cuello con un alfiler y presenta una imagen con estilo.

Cuellos y pliegues

Si añades un cuello, un lazo o pliegues a tu diseño, no importa lo simples que sean, es una forma muy efectiva para que el conjunto sea más gracioso. En esta página hay tres muestras de diseños. Usa el que más te guste para tus propios dibujos originales.

Ejemplo de un diseño inusual creado simplemente con un estampado a cuadros para el cuello. La combinación de cuadros escoceses con la falda plisada da una apariencia clásica.

Dibuja líneas verticales para la parte que cuelga de la corbata antes de añadir las curvas del nudo.

Dibuja el cuello de la blusa siguiendo la curva del cuello y de los hombros, usando diferentes líneas para cada elemento y superponiendo unos a otros.

Como la chaqueta está relativamente ajustada, la manga sigue la forma del hombro.

Usa líneas curvas en las mangas. Las líneas rectas parecerían poco naturales.

Dibuja las arrugas de los pliegues en paralelo, pero de una forma ligeramente escalonada.

Para una sensación de tejido fino, añade líneas que simulen pliegues.

Si dibujas la costura abierta en el dobladillo conseguirás un detalle con mucho efecto.

La parte superior e inferior del puño de la manga son arcos paralelos. Escalona los contornos de la manga y del puño para diferenciarlos.

Un estilo tradicional que cae justo por encima de la rodilla.

Usa un azul cielo tenue para la blusa y crearás una apariencia más refrescante.

Los pliegues hacen una leve curva a la altura de las caderas. Alinea los vértices o haz una línea de puntos en arco para formar una curva que simule la forma de las caderas.

La característica de esta falda corta son los pliegues laterales. El conjunto está complementado con un lazo grande que coordina con la falda dando una imagen muy definida.

Este uniforme de verano es una variación del tradicional traje de marinerito. El lazo se ata en el cuello en lugar de debajo del cuello de la blusa.

Nuevos diseños de uniformes

Si hojeas las revistas de moda para adolescentes, te sorprenderías de ver la cantidad de bonitos diseños de uniformes. En las siguientes dos páginas encontrarás algunos diseños que estuvieron en la lista de los favoritos de las chicas de instituto.

Dibuja el cuello de forma que sea evidente que debajo del vestido el personaje lleva una blusa.

Los tirantes del pichi no se deben dibujar rectos, sino que más bien tendrían que seguir las curvas del cuerpo.

El elemento principal de este diseño son los tirantes en forma de V, que evoca el pichi de una niña pequeña.

Usa líneas separadas para cada capa de pliegues.

Como la totalidad del diseño consiste en líneas verticales, dibuja ondas en el pelo del personaje para contrastarlo.

Las mangas anchas se hinchan en los hombros.

Dibuja la varilla de la hebilla ligeramente más corta que la mitad de la misma hebilla.

La blusa ancha hace contraste con las líneas simples y rectas de los tirantes en V.

Las medias negras son indicadas para diseños de invierno.

Usa botones grandes para dar un toque a tu diseño.

Éste es un diseño dulce y juvenil que luce las rodillas.

Procura dibujar con detalle el triángulo que se forma en el cierre del puño. La línea superior y la inferior del puño tienen que ser paralelas.

Dibuja la falda más bien tirando a larga para conseguir un efecto elegante.

Los calcetines largos sugieren una personalidad vivaz y alegre.

Si optas por los zapatos reglamentarios de colegio, tendrás como resultado una mayor apariencia de "uniforme".

La jovencita bien educada o princesa lleva un modelo de curvas visuales desde la cabeza a los pies. Los estampados estándar son azul marino o negro con una blusa blanca que evocan la sensación de escuela con normas severas.

El diseño clásico y elegante está compuesto por un vestido que evoca las escuelas europeas. Sus elementos distintivos son el gran cuello y los puños franceses.

Nuevos diseños de uniformes

Este diseño está formado por una chaqueta sastre entallada combinada con una diminuta blusa a cuadros. Las blusas pequeñas o ajustadas quedan muy bien con botones grandes y voluminosos.

No exageres el espacio entre esta mecha y el resto del pelo.

Las rayas a lo largo de la blusa interior dan un toque de detalle al diseño.

Si no dibujas este hueco entre el cuello y la chaqueta, dará la impresión de ser una chaqueta incómoda y ajustada.

En este diseño, el cuello de la blusa esta doblado sobre el de la chaqueta.

Un lazo demasiado simétrico parecerá artificial.

Los adornos blancos también quedan bien.

Y además...
Cuidado con las formas variables de cada pliegue.

Como la blusa es de color, si dibujas calcetines azul marino o negros conseguirás contrastar el diseño.

Esta falda corta de vuelo queda muy bien con la chaqueta pequeña y la blusa.

Y además...
Procura que los bordes de los ojales sean visibles a los lados de los botones.

Recuerda dibujar el tobillo interno también.

Éste parece el típico vestido marinero a primera vista, pero en realidad es una chaqueta con un cuello marinero. El blanco usado en la chaqueta no es común en un uniforme de invierno. Los colores del cuello y de la falda combinan entre sí.

Ésta es una chaqueta sin solapas con doble cierre sobre una blusa con cuello marinero. Asegúrate de usar negro, azul marino u otro color oscuro para contrastar con la camisa blanca.

Uniforme para hacer gimnasia

Aunque el uniforme para hacer gimnasia varía de un colegio a otro, lo más común suele ser una camiseta de algodón, un *culotte* y unas zapatillas deportivas. También se da el caso de que los diferentes equipos o clubes de un mismo colegio tengan su propio uniforme. Los uniformes de atletismo y de baloncesto suelen llevar camisetas sin mangas. Los calcetines son iguales para todos los uniformes.

Estas líneas de pliegues indican que la cinta del pelo está bien atada.

El contorno de la axila marca la línea de la silueta.

Más que colocar ambas palabras en paralelo, dibuja una de ellas en arco para que se parezca a lo que suelen poner en estas camisetas.

Si dibujas algunas mechas por encima de la cinta del pelo conseguirás un toque muy gracioso.

Al tener ambos brazos levantados la clavícula forma una V.

Añade pliegues en el letrero del número también.

En el caso de las camisetas largas dibuja dos líneas en el borde. Esto dará la sensación de una camiseta de mejor calidad y más resistencia.

Si vas a añadir detalles, procura dibujarlos bien. La cinta está sujeta con un imperdible.

El dobladillo de los pantalones forma un espacio triangular. Procura alinear los pliegues de la pernera del pantalón y del dobladillo.

Este uniforme consiste en una camiseta sin mangas sobre un *culotte*. Este diseño es ideal para correr distancias largas y cortas. La camiseta esta remetida por el *culotte* para reducir la resistencia del viento.

Éste es un conjunto de camiseta de manga corta con la insignia del colegio y pantalones reglamentarios. Usa una cinta de pelo más corta para los personajes con trenzas para una apariencia más cuidada. También se suelen usar muñequeras para los deportes de pelota como el tenis o el voleibol.

Las cordoneras están pasadas de tal forma que las de un lado están sobre las del otro. Procura no dibujar las de un lado alternadas por arriba y por abajo.

El bastón debe ser más o menos de la misma longitud que el antebrazo, desde el codo hasta la punta de los dedos.

Un conjunto típico de polo y *culotte*. En el caso de los personajes con el pelo corto, añade una cinta del pelo larga para conseguir una composición más bonita. También puedes añadir calcetines.

Trajes de baño para el colegio

Los trajes de baño para el colegio suelen cubrir más parte del cuerpo que los que venden en las tiendas. Los colores suelen ser también más apagados, siendo el negro y el azul marino los más comunes. Ninguna otra edad es capaz de hacer que estos trajes sean tan encantadores como el de estas chicas de instituto. Aunque se utilizan varios diseños en el equipo de natación y en otros clubes extraescolares, el más común parece ser azul marino con las piernas al descubierto.

Éste es otro traje de baño de competición ligeramente escotado y con rayas laterales blancas o naranjas para contrastar con el azul marino del traje. Este traje queda mejor cuando el personaje está en una pose vivaz.

Este traje de baño con faldita es el diseño más tradicional. El color estándar es el azul marino.

La característica de este traje de baño de competición son los tirantes finos para reducir la resistencia del agua. El tejido es ligero y sigue el contorno del cuerpo, y ocasionalmente se marca incluso el ombligo.

Si haces que el personaje despegue el codo del cuerpo conseguirás una impresión vivaz y energética.

Este personaje parece más atractivo sin el gorro de baño.

La insignia del colegio es un toque decorativo.

Recuerda incluir esta línea.

Si dibujas esta área más grande, obtendrás resultados poco atractivos.

La pierna del traje de baño hace una curva descendente en la pierna de detrás y una curva descendente en la pierna de delante.

Esta posición de las manos a menudo se utiliza para expresar sentimientos de vergüenza.

Esta línea marca la línea de la cintura. Recuerda incluir un pliegue para el ombligo.

Añade un logo discreto.

Combina una línea larga y otra corta para dibujar los huesos del empeine.

Mientras que los uniformes de colegio se pueden usar para sacar a la luz la personalidad del personaje, la ropa de calle o la ropa de después del colegio es particularmente efectiva para definir la personalidad. Las siguientes páginas presentan vestidos típicos y trajes usados por los personajes para diversas ocasiones especiales que aparecen en los juegos de estilo *bishojo*.

Navidad

La Navidad es un tema muy recurrente para los juegos. La Nochebuena es una ocasión romántica que suele acercar al personaje *bishojo* al jugador. También es una buena ocasión para que el personaje parezca mayor con un bonito vestido o traje que ofrece una imagen completamente diferente de nuestra chica.

Añade un sombreado a lo largo de los contornos de la vuelta de la bufanda.

La línea de silueta del pompón está representada por una combinación de líneas gruesas y finas. En el interior se ha utilizado sombreado.

Usa colores similares para el ramillete y el cinturón.

El hombro.

Para acentuar el gran tamaño del abrigo, haz caer la costura del hombro más debajo del hombro del personaje.

Añade sombras a las manoplas para definir la articulación de los dedos, para generar una sensación de tres dimensiones.

Usa curvas cóncavas para conseguir un efecto voluminoso e hinchado.

Si combinas los zapatos con el cinturón obtendrás una apariencia más elegante.

Este conjunto de gorro de lana y manoplas combinados con ropa normal de calle tendrá un sabor navideño si usas rojo y verde. Los pompones del gorro y de la bufanda dan un toque muy gracioso.

En esta imagen, nuestra chica va vestida de punta en blanco y parece mayor. Combina los guantes con el vestido. Utiliza el mínimo de colores para obtener como resultado un vestido más elegante. Usa blanco, azul claro, crema y otros colores pastel para conseguir una imagen más bonita.

Ésta es una combinación no muy graciosa, pero útil para una escena navideña en la que nuestra chica vuelve de haberse divertido en el parque de atracciones o algo similar. Mantén la parte inferior más simple para contrastar con el abrigo de lana voluminoso y ancho.

Día de los Enamorados

Aunque parezca sorprendente, el Día de los Enamorados no tiene un papel muy importante en los juegos de romances, como sería de esperar. Esto se debe a que una escena del Día de los Enamorados demasiado evidente podría desvelar el final o el desarrollo de las historias, estropeando esencialmente la diversión del juego. Aquí abajo se presentan varias poses de diferentes personajes ofreciendo sus regalos del Día de los Enamorados. Cada pose es significativa para la personalidad del personaje.

La cabeza no está recta, sino ligeramente inclinada hacia un lado.

Usa un primer plano y exagera el tamaño de las manos.

Si dibujas los dedos de la mano de abajo abiertos conseguirás que el personaje parezca más entrañable.

Ésta es la típica pose de los personajes con un toque de presunción. Sus dedos rozan el cuello.

Como éste es un ángulo en contrapicado, el borde de la falda forma un ángulo convexo.

Los hombros están inclinados hacia atrás.

Si dibujas la caja más estrecha, como si se separase del plano de la imagen, conseguirás un efecto de tres dimensiones.

Esta pose suele usarse para los personajes atrevidos y más jóvenes. El personaje está ofreciendo el regalo directamente, pero debería haber un toque de colorete en sus mejillas.

Las piernas han sido omitidas aquí, porque de haber dibujado el cuerpo entero habría sido necesario dibujar la cara incluso más pequeña de lo que está dibujada y sería difícil mostrar las expresiones faciales.

La empollona está en una pose que muestra duda y vergüenza. Dibuja el cuerpo ligeramente inclinado hacia atrás y su mirada tímida hacia el jugador.

A la Princesita, altanera y negándose a humillarse, siempre se le representa desde un ángulo en contrapicado. Ofrece su regalo con una sola mano, añadiendo un vago: "Por cierto, esto es para ti".

Conjuntos para festivales de verano

El *yukata*, un kimono de algodón para el verano, es la prenda elegida para los fuegos artificiales o los festivales de verano. Como el *yukata* es un traje típico japonés, suele tener motivos poco complicados, lo que da al artista más libertad para las poses dinámicas. Atención: el *yukata*, y los trajes típicos japoneses en general siempre se cierran con la solapa izquierda sobre la derecha.

Aquí tenemos a nuestro personaje acercándose al jugador. Los trajes japoneses resultan más atractivos cuando no se enseña la palma de la mano, por lo que es necesario dibujarlo cogiendo la manga cuando esté realizando algún movimiento vigoroso. Esto también hará que el personaje sea más femenino.

Si muestras el pulgar levantado obtendrás una imagen más graciosa. Dibújala sujetando la manga con la punta de los dedos.

Si añades reflejos de luz en cada mecha crearás el efecto de un pelo negro brillante.

Las formas del pecho y de la cintura deben ser omitidas cuando dibujes vestidos típicos japoneses.

Cuando dibujes el algodón de azúcar, añade líneas curvas finas para sugerir las áreas de sombreado.

Dibuja la manga moviéndose hacia atrás para crear la sensación de movimiento.

Las rodillas deben estar una cerca de la otra.

Recuerda incluir este doblez donde se ajusta el corte del *yukata*.

Sugiere la ligereza del algodón usando líneas rectas que simulen arrugas.

Esta arruga debe dibujarse aproximadamente en el eje central del cuerpo.

No muestres directamente la planta del pie con los *getas,* sandalias de madera. Dibujar la parte inferior del pie y los dedos de puntillas creará una pose más femenina.

Varía los motivos de los *yukatas* en relación a la personalidad del personaje. Usa bastantes detalles.

En esta imagen, el personaje mira por encima del hombro. Intenta aprender a dibujar algodones de azúcar y otras cosas típicas que suele haber en las ferias. Esto ayudará a evocar el ambiente apropiado. Fíjate que el *obi* no se lleva en la cintura, sino justo por debajo del pecho con un nudo en la espalda.

En esta imagen, el personaje está sentado en un banco. Normalmente tiene las manos sobre su regazo, una sobre la otra. Los pies están uno al lado del otro y el cuerpo está ligeramente inclinado hacia un lado. Las mangas están extendidas en el asiento para lucir el precioso estampado del *yukata*.

Delantales

El delantal aparece en escenas en que el personaje está cocinando. Dibuja el uniforme debajo para las escenas de clase de Economía Doméstica. Altera el diseño del delantal según la personalidad del personaje. Para enfatizar la sensación de estar en casa, dibújala con pantuflas.

El mango está sujetado por dentro del cucharón. Presta mucha atención a los detalles.

Como sería de esperar, la Lolita queda genial con un delantal de volantes. La imagen de ésta con las piernas desnudas en zapatillas evoca una sensación relajada e informal. Dejar que el delantal caiga por debajo de las rodillas la hará más atractiva.

Añade volantes a los bordes del bolsillo.

Añade líneas radiales a la manga para darle volumen.

En esta imagen, vemos a un personaje muy joven sujetando un cucharón y un bol para ilustrar mejor donde tiene lugar la escena. En juegos en los que el jugador entabla una conversación con el personaje para el progreso del juego, estos accesorios van a menudo acompañados de comentarios de cómo se usarán.

Dibuja ondas en el borde a lo largo de una leve curva. Usa una línea ondulada para las ondas de la silueta.

El mismo tipo de delantal que llevaría una madre queda mejor para un personaje más maduro. Si la dibujas sin maquillar y con un suéter ancho, conseguirás un matiz sensual. Como el delantal es ancho, combínalo con una falda ancha para equilibrar la imagen.

Dibuja la silueta de las zapatillas con pequeños trazos unidos. Añade sombreado en la punta.

Pijamas

La imagen del personaje recién levantado ofrece lo mejor posible la visión de su personalidad y es la mejor manera de ilustrar las diferencias entre las personalidades de cada personaje. El tipo de pijama usado varía en cada personaje. Cuando dibujes a tus personajes en ropa interior, busca una apariencia informal en lugar de erótica.

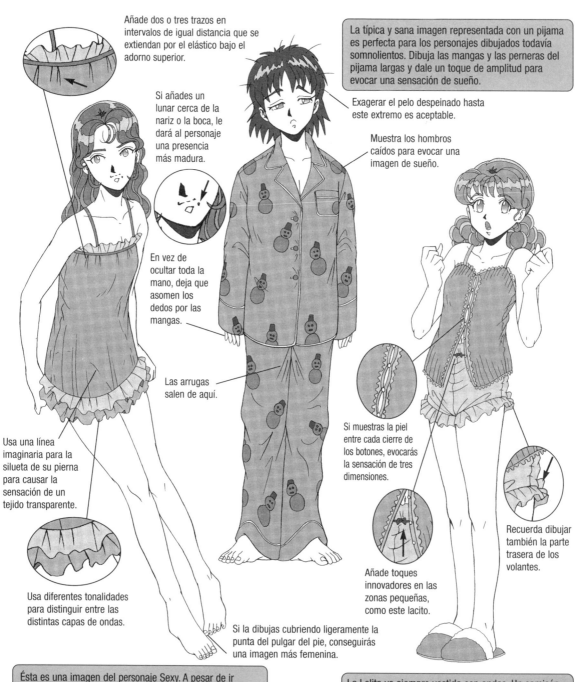

Añade dos o tres trazos en intervalos de igual distancia que se extiendan por el elástico bajo el adorno superior.

Si añades un lunar cerca de la nariz o la boca, le dará al personaje una presencia más madura.

En vez de ocultar toda la mano, deja que asomen los dedos por las mangas.

Las arrugas salen de aquí.

Usa una línea imaginaria para la silueta de su pierna para causar la sensación de un tejido transparente.

Usa diferentes tonalidades para distinguir entre las distintas capas de ondas.

Si la dibujas cubriendo ligeramente la punta del pulgar del pie, conseguirás una imagen más femenina.

La típica y sana imagen representada con un pijama es perfecta para los personajes dibujados todavía somnolientos. Dibuja las mangas y las perneras del pijama largas y dale un toque de amplitud para evocar una sensación de sueño.

Exagerar el pelo despeinado hasta este extremo es aceptable.

Muestra los hombros caídos para evocar una imagen de sueño.

Si muestras la piel entre cada cierre de los botones, evocarás la sensación de tres dimensiones.

Añade toques innovadores en las zonas pequeñas, como este lacito.

Recuerda dibujar también la parte trasera de los volantes.

Ésta es una imagen del personaje Sexy. A pesar de ir vestida sólo con sus prendas íntimas, no presenta ningún signo de rubor. En vez de eso, luce una leve sonrisa, como si se divirtiera al ver la reacción del que la mira. Los pies descalzos mantienen mejor la atmósfera que las zapatillas.

La Lolita va siempre vestida con ondas. Un camisón de niña con volantes también es una buena opción. Para refinar su personalidad un poco, dibújale una rebeca sobre el camisón. Esa distancia de los botones hace que el personaje esté más gracioso que nunca.

Trabajos a tiempo parcial

Los uniformes usados para los trabajos a tiempo parcial son encantadores en un sentido diferente a los uniformes escolares. Los más comunes son los de restaurante, pero depende de la personalidad del personaje. Las gasolineras o los quioscos en los partidos de baloncesto, pueden ser una buena alternativa: juega con ellas. Abajo te presentamos los diferentes uniformes de los restaurantes de comida rápida, de comida japonesa y cafeterías.

Si dibujas el imperdible, conseguirás un efecto de tres dimensiones.

Si muestras algunas mechas, conseguirás un mejor efecto que dejando el pelo recogido bajo el gorro.

Añade trazos siguiendo los contornos del cuenco para dar sensación de volumen.

Añade pequeñas burbujas dentro del vaso para recrear el efecto del hielo en el agua.

La gorra está doblada por el centro y se levanta por delante, y es en ese sitio donde va el logo del restaurante.

Debe haber un hueco entre la palma y la bandeja.

Los reflejos de la luz evocan la textura de la piel.

No es una falda, es una falda pantalón.

Lo más común es que la camisa incluya un bolsillo en el pecho con un bolígrafo y un identificador con el nombre.

El ambiente suave de una cafetería encaja muy bien con el trabajo de una personalidad tranquila. Este diseño también puede usarse para el uniforme de una camarera de un restaurante familiar. A diferencia de los restaurantes de comida rápida, se suele servir el café con un vaso de agua. Usa una bandeja redonda de metal para hacer la escena más real.

Haz que este personaje ande dando pasos grandes para reflejar su carácter alegre.

Una personalidad vivaz y animada es la que mejor va con los bares de *ramen* (fideos) o los restaurantes japoneses. Dibuja una escena coherente haciendo que lleve puesto un *samu-e*, la ropa tradicional de trabajo de los monjes budistas, acompañado de *zoris*, sandalias de paja, y sujetando un gran cuenco especial para guisados. Los pies sin calcetines también son posibles, pero los *tabi*, calcetines con una separación para el pulgar, proyectan mejor el ambiente deseado.

Las cadenas de comida rápida y de hamburguesas son el típico trabajo a tiempo parcial y son perfectos para personajes alegres y desenfadados. Pon especial atención en los detalles cuando dibujes los vasos de papel y los envoltorios de la comida. Siempre hay un restaurante de comida rápida a mano, así que echa un vistazo y recoge ideas.

Hatsumode

Las escenas de Año Nuevo llevan al jugador al *hatsumode* (la primera visita del año a un templo sintoísta) con un personaje con su kimono más fino. En estas escenas, sus movimientos son más graciosos de lo habitual. Cuando dibujes los motivos del kimono, piensa en la composición en su totalidad más que en un estampado repetido. Estas escenas requieren la manga larga del kimono. Asegúrate de dibujar la solapa izquierda sobre la derecha.

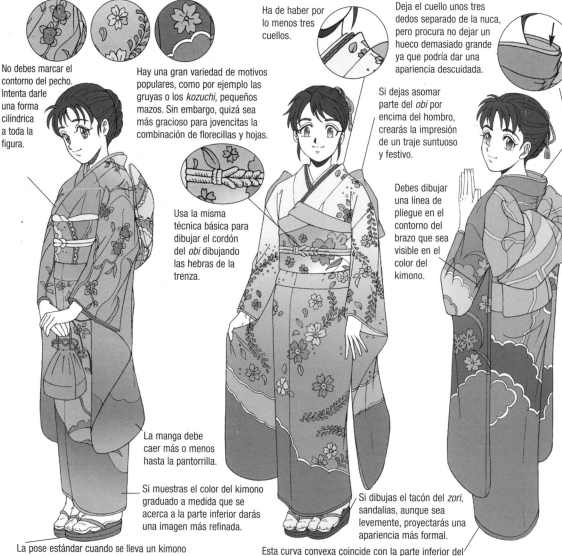

Ha de haber por lo menos tres cuellos.

Deja el cuello unos tres dedos separado de la nuca, pero procura no dejar un hueco demasiado grande ya que podría dar una apariencia descuidada.

No debes marcar el contorno del pecho. Intenta darle una forma cilíndrica a toda la figura.

Hay una gran variedad de motivos populares, como por ejemplo las gruyas o los *kozuchi*, pequeños mazos. Sin embargo, quizá sea más gracioso para jovencitas la combinación de florecillas y hojas.

Si dejas asomar parte del *obi* por encima del hombro, crearás la impresión de un traje suntuoso y festivo.

Usa la misma técnica básica para dibujar el cordón del *obi* dibujando las hebras de la trenza.

Debes dibujar una línea de pliegue en el contorno del brazo que sea visible en el color del kimono.

La manga debe caer más o menos hasta la pantorrilla.

Si muestras el color del kimono graduado a medida que se acerca a la parte inferior darás una imagen más refinada.

Si dibujas el tacón del *zori*, sandalias, aunque sea levemente, proyectarás una apariencia más formal.

La pose estándar cuando se lleva un kimono es con las puntas de los pies hacia dentro.

Esta curva convexa coincide con la parte inferior del cilindro que se hace cuando se dibuja la figura.

Ésta es la pose formal cuando se entregan los regalos de Año Nuevo. El bolsito con cordón es un accesorio tradicional del kimono. Un nudo grande en el *obi* que cubre la espalda entera es más atractivo para el *furisode*, kimono de mangas largas.

Ésta es una pose más estudiada con la manga ligeramente extendida con la mano. Cuando las mangas aparecen abiertas ofrecen una vista expansiva del motivo. Intenta añadir pliegues para acentuar esta ilusión. Este conjunto ofrece un kimono con *obi* con motivos a juego. Se enrollan una tela especial en la cintura debajo del kimono para evitar que se marquen las curvas de la cintura.

Éste es un ángulo moderadamente alto de nuestra chica mirando por encima del hombro. Está dibujada desde la perspectiva de un chico más alto que ella por eso mira hacia arriba. El kimono está confeccionado por una seda pesada, por lo que forma muchos pliegues. Usa líneas relativamente rectas para los pliegues. Puedes dibujar el cabello peinado hacia atrás o con una trenza, pero el estilo más tradicional suele ser un moño.

Ropa de esquí

Las escenas que requieren ropa de esquí, incluidas las citas para pasar una noche en una cabaña en la montaña o las ocasiones en que el jugador baja las pistas con el personaje, son más frecuentes de lo que te imaginas. Como los tejidos suelen ser más pesados que los usados en ropa normal, tienes que prestar más atención a las líneas que dibujes para los pliegues. Además, si dibujas los pies más grandes de lo habitual, ofrecerás el efecto de llevar botas de esquí.

Cuando dibujes a un personaje vivaz y alegre, procura que las gafas de nieve no oscurezcan sus ojos: esto acentuará su naturaleza exuberante y efervescente. Una tabla de *snowboard* queda mejor para los personajes atléticos que los esquís. Las chicas que hacen *snowboard* están mucho más graciosas si llevan ropa enorme.

Usa colores degradados para los cristales de las gafas. Las gafas también tienen que cubrir las cejas.

La cremallera se ve por debajo del cuello de felpa.

Dibuja tres o cuatro grupos de trazos para sugerir el cordón que se ajusta a la cintura.

El guante está por encima de la manga de la chaqueta.

Los bajos deben quedar ajustados a la bota.

Las manoplas incrementan la naturaleza aniñada de este personaje. Si dibujas ambas manos con las palmas hacia abajo, darás una impresión de desequilibrio y tambaleo.

La figura está inclinada hacia delante, por lo que debes dibujar más arrugas aquí.

Deja asomar sólo las puntas de los dedos.

Los personajes mayores y más atractivos son los más indicados para disfrutar del esquí y ser aficionados a él. Su ropa de esquí debe ser ceñida y no debe llevar demasiadas capas. Dibujar unas gafas de sol oscuras es una buena forma de jugar con el atractivo de este personaje más maduro.

Dibújala con los pies hacia dentro, es una postura típica.

Aquí vemos a una típica Lolita. Parece estar jugando en la nieve más que esquiando. Si dibujas su ropa de nieve como si llevase muchas capas la hará más adorable.

Ropa de playa

Al contrario que los trajes de baño reglamentarios de las escuelas, los trajes de baño para la playa ofrecen una gran variedad de colores y diseños. Dibuja las escenas de playa distintas de las de clase de natación dibujando pelotas, flotadores, gorras con viseras y otros accesorios. La sandía es un elemento muy propio para esta estación.

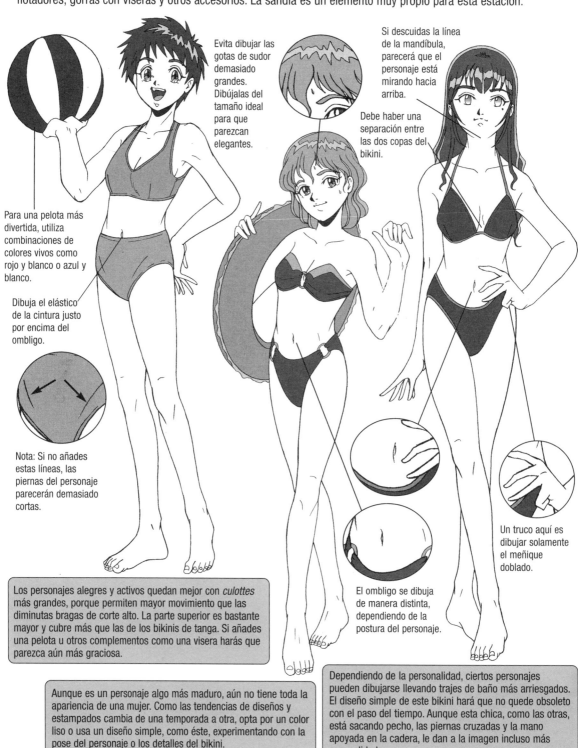

Evita dibujar las gotas de sudor demasiado grandes. Dibújalas del tamaño ideal para que parezcan elegantes.

Si descuidas la línea de la mandíbula, parecerá que el personaje está mirando hacia arriba.

Debe haber una separación entre las dos copas del bikini.

Para una pelota más divertida, utiliza combinaciones de colores vivos como rojo y blanco o azul y blanco.

Dibuja el elástico de la cintura justo por encima del ombligo.

Nota: Si no añades estas líneas, las piernas del personaje parecerán demasiado cortas.

El ombligo se dibuja de manera distinta, dependiendo de la postura del personaje.

Un truco aquí es dibujar solamente el meñique doblado.

Los personajes alegres y activos quedan mejor con *culottes* más grandes, porque permiten mayor movimiento que las diminutas bragas de corte alto. La parte superior es bastante mayor y cubre más que las de los bikinis de tanga. Si añades una pelota u otros complementos como una visera harás que parezca aún más graciosa.

Aunque es un personaje algo más maduro, aún no tiene toda la apariencia de una mujer. Como las tendencias de diseños y estampados cambia de una temporada a otra, opta por un color liso o usa un diseño simple, como éste, experimentando con la pose del personaje o los detalles del bikini.

Dependiendo de la personalidad, ciertos personajes pueden dibujarse llevando trajes de baño más arriesgados. El diseño simple de este bikini hará que no quede obsoleto con el paso del tiempo. Aunque esta chica, como las otras, está sacando pecho, las piernas cruzadas y la mano apoyada en la cadera, le dan a la imagen incluso más sensualidad.

Ocasiones especiales

Para los juegos de simulación de romance, los personajes han de tener cualidades de chicas de póster idolatradas. Por lo tanto, el artista de vez en cuando tiene que dibujarlas en poses absurdas como en las revistas para adolescentes, simplemente porque las hace más graciosas. Vestirlas con ropa que quizá no llevarían normalmente es útil, con tal de que complementen su personalidad.

Aquí abajo tenemos un *hakama,* falda larga plisada que se lleva sobre un kimono, un tipo de vestido popular entre chicas y chicos. Recientemente, algunas chicas de instituto lo usan en las ceremonias de entrega de diplomas. El *hakama* parece que queda particularmente bien para las empollonas. Olvídate de su típica cola de caballo y dibújala con el pelo hacia atrás para conseguir una apariencia más suave.

La Sexy y la Princesita normalmente provienen de familias influyentes. Mientras que las típicas y tradicionales familias no son dadas a hacer fiestas divertidas, estos personajes suelen aparecer en estas escenas, como por ejemplo, una fiesta de Navidad, lo que les permite vestirse de forma glamorosa. Prueba con un diseño maduro y seductor.

Añade una cinta al tubo para asegurar que el diploma está sujeto.

Para darle un toque de encanto, deja asomar una mecha rizada.

Usa sombreados oscuros para el interior de la manga.

Procura incluir también la línea de contorno del brazo de atrás.

Dibuja arcos paralelos para sugerir la caída de la ropa.

Si dibujas los contornos de la pierna delantera, evocarás la sensación de lustrosa seda.

Intercala trazos cortos horizontales a lo largo de la costura.

El final no se ata, sino que se deja colgando del resto del fajín.

Otra alternativa es usar botines.

Vuelve los bajos del pantalón para que parezca más grande y ancho. Usa un color diferente para el dobladillo.

Estos monos sin ropa interior no son el tipo de ropa que llevaría la heroína o un personaje más tímido. Sin embargo, esta imagen es una posible opción para personajes como la Lolita o la chica atlética, que no son demasiado conscientes de su propio atractivo. Usa una pose de chico para evitar una imagen demasiado arriesgada.

La pose con los brazos cruzados y esta colocación de los pies es muy popular en este tipo de escenas.

En los juegos de lucha y acción, el sistema sólo permite mostrar al personaje desde determinados ángulos. Esto se debe a que la diversión del juego le da más énfasis de lo que parece. El manga, las películas de animación o el trabajo original del que deriva el juego puede contener poses que el juego no incluye. Esto es porque los dibujantes han sido creativos usando planos cortos frontales y ángulos para conseguir una composición visualmente agradable de la que se puede disfrutar aunque no se participe en el juego. En las siguientes páginas presentamos muestras de ropa específica y cómo deben aparecer en la pantalla o en el juego.

Ropa de colegio I

Aquí tenemos a un personaje gracioso con aspecto de niña, que también es la capitana del equipo de kárate. El atractivo reside en este contraste. Normalmente se usa el blanco para el traje. Sin embargo, también es posible utilizar el rojo o rosa para una apariencia más extravagante. Si buscas una apariencia más austera, decántate por el blanco.

Aunque los trajes de marinerito son encantadores, no permiten demasiada variación. Una buena técnica es añadirle al personaje accesorios inusuales que la desplacen de su naturaleza o educación. Haz que el jugador se pregunte lo que va a ocurrir.

El vestido marinero y el arma es típico de las escenas de acción en películas antiguas en las que aparecen chicas de instituto con armas, y da mucho juego. El truco es dibujar la falda más larga de lo que se lleva ahora. Los colores del uniforme deben ser de colores tradicionales: fondo blanco con azul o azul marino.

La cinta del pelo *hachimaki* proviene del estilo *ninja*.

Variando el largo de la camisa y de la falda se consiguen aspectos muy diferentes.

La parte inferior debe caer justo por debajo de las rodillas.

Los hombros y los bajos del pantalón rasgados son una buena opción.

Los pies tienen que estar separados en la dirección que está sostenida el arma.

Los pies pueden ser más anchos que los hombros.

Ésta es una pose estática con las caderas hacia abajo.

Ambas rodillas están dobladas.

Los personajes femeninos también hacen este tipo de poses.

La cabeza debe inclinarse hacia el mismo lado en el que el arma está sostenida.

Ropa de colegio: muestras de escenas I

El momento en que nuestra chica da un salto decisivo para darle una patada que derribe a un oponente más grande que ella. Añade líneas horizontales de velocidad para realzar esta sensación. Recuerda mostrar el cuello del vestido ondeando en el momento del golpe. Si dejas la parte inferior del cuerpo del oponente fuera del marco lograrás un gran efecto.

La combinación del típico vestido marinero con un arma extraña presenta una asombrosa escena. Usa destellos de luz y otros efectos para generar una atmósfera fantástica. Si cortas parte de la espada ofrecerás una imagen más efectiva. Evita un fondo demasiado cargado: hazlo de tal manera que la espada y el personaje resalten.

Ropa de colegio II

Aquí tenemos al personaje disfrazado de chico. Lleva una chaqueta de un uniforme modificada corta y tiene un aire andrógino. Como ha optado voluntariamente por llevar ropa de chico, todo tipo de accesorio relacionado con las chicas ha sido eliminado. Puede usarse una gama de colores estridentes, pero si buscas una apariencia de tipo duro, decántate por el negro. Incorpora elementos llamativos como bordados rojos y dorados.

Aquí tenemos a la capitana del equipo femenino de lucha libre. Los *maillots* son un elemento estándar para las luchadoras. Pero una alternativa efectiva es hacer que el personaje lleve algo que lo cubra y que se lo quite cuando la situación lo requiera. El punto crítico de este personaje es que en realidad no es una persona violenta y brusca, sino más bien dulce. La parte superior del vestido debe ser acorde con la escena. Usa colores vivos y brillantes para el *maillot*.

El conjunto consiste en un abrigo largo que realmente forma parte de un uniforme de colegio de chico sobre un uniforme de gimnasia. Los personajes como éste, que visten una combinación intencionada de elementos incongruentes, normalmente aparecen en las parodias. Por esta razón, hemos dibujado al personaje de forma distorsionada y exagerada para hacer que el abrigo parezca aún más grande y voluminoso de lo normal. Transmite la sensación de que este personaje es el sucesor de una larga saga de atletas. El uniforme de gimnasia y el *culotte* de deporte son de los colores típicos de uniformes de instituto: azul marino y blanco. El abrigo de uniforme de colegio normalmente es negro, pero el fucsia resaltará esta sensación de incongruencia y supone una alternativa interesante.

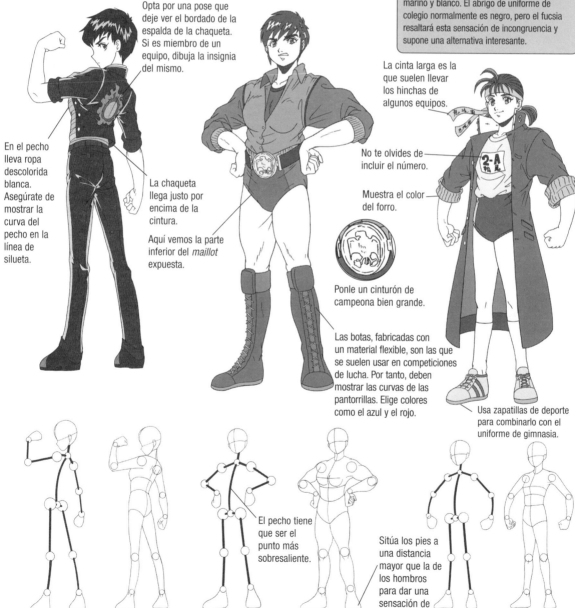

Opta por una pose que deje ver el bordado de la espalda de la chaqueta. Si es miembro de un equipo, dibuja la insignia del mismo.

En el pecho lleva ropa descolorida blanca. Asegúrate de mostrar la curva del pecho en la línea de silueta.

La chaqueta llega justo por encima de la cintura.

Aquí vemos la parte inferior del *maillot* expuesta.

Ponle un cinturón de campeona bien grande.

Las botas, fabricadas con un material flexible, son las que se suelen usar en competiciones de lucha. Por tanto, deben mostrar las curvas de las pantorrillas. Elige colores como el azul y el rojo.

La cinta larga es la que suelen llevar los hinchas de algunos equipos.

No te olvides de incluir el número.

Muestra el color del forro.

Usa zapatillas de deporte para combinarlo con el uniforme de gimnasia.

El pecho tiene que ser el punto más sobresaliente.

Sitúa los pies a una distancia mayor que la de los hombros para dar una sensación de equilibrio.

Ropa de colegio: muestras de escenas II

Los uniformes de colegio constituyen una familiar manera de vestir: usar simplemente el uniforme puede evocar ideas y asociaciones fijas. Hacer que un personaje tipo "la chica de al lado" desempeñe habilidades sobrenaturales puede provocar la admiración o el afecto de sus familiares. Los primeros planos exagerados han sido utilizados aquí para realzar la idea de "velocidad extrema". Las líneas radiales que surgen del punto en el que el pie del personaje toca el suelo y van hacia el plano de la imagen son un medio de enfatizar este matiz. Pon especial atención al tamaño de las nubes.

Para esta imagen, se ha creado un efecto fantasmagórico, mostrando a una chica vestida con un uniforme moderno blandiendo un arma y a su lado otra chica vestida de *ninja,* solapando ambas imágenes para que se vea una sobre la otra. Colocar a una chica al lado de la otra, ambas llevando ropa totalmente distinta, es una forma de transmitir una sensación de misterio. Si cortas las espadas por el marco superior e inferior crearás una composición muy lograda.

Ropa de unidades especiales I

Esta chica forma parte del comando de las fuerzas especiales de infiltraciones y asesinatos. El cinturón para las armas es un elemento esencial para definir la función del personaje. Añade rasgaduras en lugares estratégicos de su ropa para realzar su severidad. Muchos jugadores son expertos en armas de fuego, por lo que el artista ha de documentarse antes de dibujarlas. Usa colores como el rojo o el amarillo para resaltar su feminidad, pero la composición debe combinarse usando sobre todo una paleta de colores que vaya del caqui al verde musgo.

La boina y la placa de identificación indican que esta chica es miembro de una unidad militar. Aparte de la ropa normal, como este *body,* se observa que pertenece a un comando de fuerzas especiales. Como éste es un uniforme de una organización, has de evitar todo tipo de decoración llamativa. Combina la boina con el *body* para realzar el concepto de uniforme. Usa estampados de camuflaje para darle autenticidad al traje.

Este personaje es un agente secreto de las fuerzas especiales. Dado el ambiente, los colores más idóneos para su traje son oscuros y apagados. Como el mono ajustado cubre todo el cuerpo, todos los contornos de su figura se marcan en el traje. Asegúrate de dibujar los pliegues que se marcan en todas las articulaciones. Aunque el pelo corto sería más práctico, demasiado realismo haría que la imagen perdiese su atractivo; además, la sensación de velocidad conseguida con el pelo ondulante sería también más difícil de representar.

Esto no es un collar, sino una placa de identificación.

Muestra las líneas de la clavícula.

El cinturón para el arma cruzado tiene un equilibrio visual.

Añade movimiento al pelo

Mostrar la cremallera medio abierta es un buen truco.

El tejido ajustado deja el ombligo claramente definido.

Los calcetines gruesos evocan la sensación de ropa interior multiusos.

Añade algún toque de luz a lo largo de la silueta del cuerpo para crear la sensación de un tejido brillante.

Otra alternativa son las botas militares.

Si añades medias en lugar de dejar las piernas desnudas darás la sensación de que es capaz de hacer movimientos de gimnasia.

Esta postura de preparación se representa con los hombros caídos.

El peso recae en un sólo pie.

La columna está arqueada.

Ropa de unidades especiales: escenas de muestra I

Este primer plano muestra una patada hacia el plano de la imagen. Ésta es una de las imágenes de movimiento de combate más impresionantes y fascinantes. Combina líneas gruesas y finas para las rayas de velocidad del fondo. Degradar las sombras de las líneas de velocidad, apagándolas y estrechándolas a medida que se alejan del plano, es una técnica muy efectiva. Añade pequeños trazos, diferentes de las líneas de fondo, alrededor del contorno de la bota para acentuar la fuerza del impacto.

El momento decisivo. Si incluyes ecos de su pose, expresarás la magnitud de su movimiento. Has de saber que este efecto es muy difícil de conseguir si no usas un programa informático de tratamiento gráfico. Para esta imagen en concreto se usaron repeticiones del mismo movimiento. Sin embargo, a veces puede resultar más efectivo mostrar no sólo la posición final, sino también la posición realizada un momento antes. Degrada el fondo, dejando en un tono más apagado la dirección de su movimiento.

Ropa de unidades especiales II

Aquí tenemos a una policía con la que te gustaría encontrarte por la calle. Las mangas arremangadas y los guantes son una combinación estándar. Las mangas arremangadas sugieren movimiento y los guantes sugieren que pertenece a una unidad especial de la policía. Para realzar la idea de que es una "poli", usa guantes y corbata a la vez. Este contraste es clave para este diseño. La paleta de colores que se debe usar es el típico azul de los uniformes de policía reales; sin embargo, un color más vivo para la corbata añadirá un matiz a la imagen.

Aquí tenemos a un miembro del equipo especial de armas y maniobras. El casco y el uniforme tienen la insignia de este equipo especial, lo que ayuda a dar el aspecto de un miembro de dicho equipo especial. La clave aquí son los accesorios. Si dibujas accesorios poco convincentes, el personaje perderá autenticidad. Documéntate sobre armas de fuego reales y cinturones para armas. Como es un miembro de este equipo especial, su uniforme debe ser de colores apagados. Para darle un aire más alegre, el uso de sombras nítidas, blancas, azul claro y gris también es aceptable para proyectar una imagen más femenina.

Ésta es una policía alegre. Se han incorporado elementos cómicos al personaje. Es imperdonable evitarlo cuando trabajas en un ámbito divertido. ¡No te contengas! Dibuja la placa de policía, que suele ser de metal, en un lugar visible. La minifalda, que probablemente no llevaría una policía, es un toque en el diseño. Este personaje más bien tendría que ser miembro de "El Pelotón del Perfume" u otro grupo de nombre afeminado más que con un título serio.

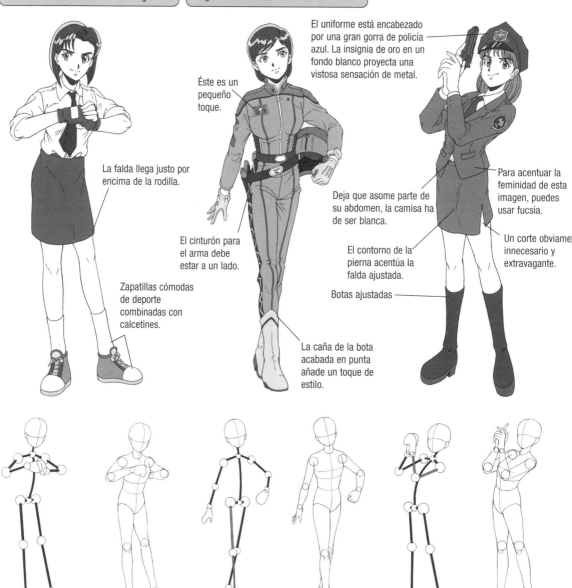

El uniforme está encabezado por una gran gorra de policía azul. La insignia de oro en un fondo blanco proyecta una vistosa sensación de metal.

Éste es un pequeño toque.

La falda llega justo por encima de la rodilla.

El cinturón para el arma debe estar a un lado.

Zapatillas cómodas de deporte combinadas con calcetines.

Deja que asome parte de su abdomen, la camisa ha de ser blanca.

El contorno de la pierna acentúa la falda ajustada.

Botas ajustadas

La caña de la bota acabada en punta añade un toque de estilo.

Para acentuar la feminidad de esta imagen, puedes usar fucsia.

Un corte obviame[nte] innecesario y extravagante.

Ropa de unidades especiales: escenas de muestra II

Ésta es una escena excitante que muestra a una mujer con ropa de calle normal haciendo picadillo a un robusto oponente. Los juegos de lucha no suelen incluir primeros planos de este tipo ni tampoco la expresión del oponente; sin embargo, el dolor que expresa la cara del tipo es un punto clave en la escena. Añade líneas exageradas para realzar la sensación de velocidad.

En esta escena, nuestra chica dispara sin temor entre la multitud. El uniforme indica que el personaje es una policía. La clave aquí es que su objetivo ha sido omitido intencionadamente, lo que hace que el jugador se pregunte a quién está disparando. Usa expresiones de sorpresa y temor en la gente que está mirando para comunicar la gravedad de la escena. Si dibujas una línea de humo desde el cañón de la pistola parecerá que acaba de disparar.

Lucha callejera

Parte del atractivo de esta elegante chica callejera es que siempre lleva minifalda. Hay muchos juegos en los que aparecía un personaje así, que sin inmutarse habría dado una patada al jugador en sus partes íntimas, un acto bastante verosímil para este personaje. Su ropa básica sería apropiada para una mujer joven y no tendría que ser ridículamente atrevida. Procura dibujarle accesorios vistosos, como una chaqueta de un rojo vivo, para que destaque sobre el resto del reparto.

Este personaje ha tenido un entrenamiento especial o muchas experiencias, lo que despertará la imaginación del jugador con respecto a su pasado. Como este personaje tiene predilección por la ropa práctica, dibújala con colores marrones, otros tonos tierra y estampados de camuflaje. Aquí la vemos con una chaqueta acolchada de piel, ropa y botas militares.

Esta motorista lleva botas de motociclismo y un casco. El pelo rubio y corto indica su personalidad andrógina. La chaqueta de piel es de un material duro, así que requiere una especial atención a la hora de dibujar las arrugas. Los colores más indicados son el negro y el marrón oscuro.

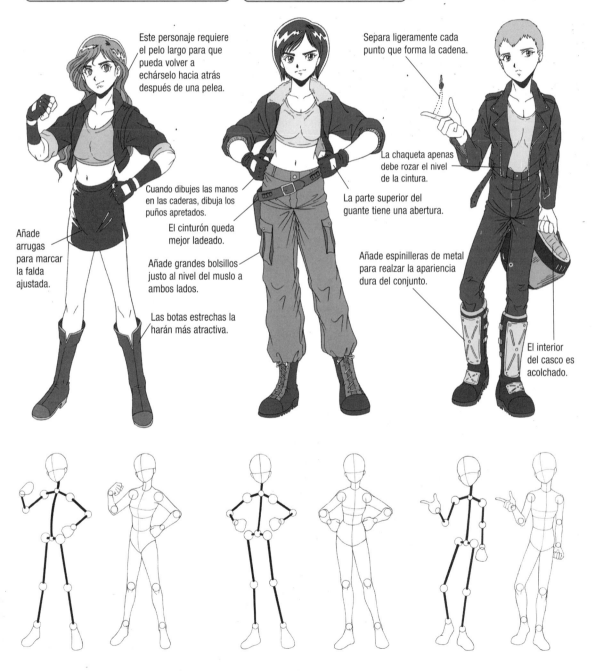

Este personaje requiere el pelo largo para que pueda volver a echárselo hacia atrás después de una pelea.

Añade arrugas para marcar la falda ajustada.

Cuando dibujes las manos en las caderas, dibuja los puños apretados.

El cinturón queda mejor ladeado.

Añade grandes bolsillos justo al nivel del muslo a ambos lados.

Las botas estrechas la harán más atractiva.

Separa ligeramente cada punto que forma la cadena.

La chaqueta apenas debe rozar el nivel de la cintura.

La parte superior del guante tiene una abertura.

Añade espinilleras de metal para realzar la apariencia dura del conjunto.

El interior del casco es acolchado.

Lucha callejera: Escenas de muestra

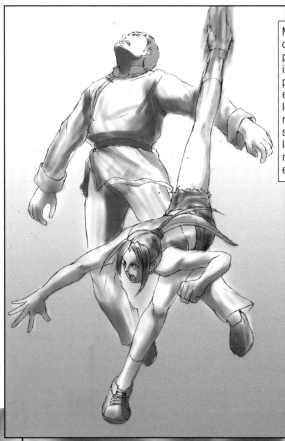

Mientras que nuestra chica lleva ropa de calle, su oponente va vestido con ropa de artes marciales, para contrastar. La ropa de artes marciales implica la fuerza del oponente, quien da fe del poder de la heroína, que es la que está ganando el combate. Usa rayas para desenfocar el pie levantado para dar la patada. Si extiendes estas rayas fuera del marco de la pantalla, evocarás la sensación de velocidad. Dibuja ambas manos de la heroína expresando tensión, mientras que mantienes las de su oponente relajadas, expresando así un estado de debilidad.

Esta escena muestra la inmensa habilidad que poseen las manos de esta guerrera, a pesar de la sencillez de su atuendo y la falta de armas o elementos de defensa. En esta escena, vemos un primer plano de las manos del adversario. Esta composición es una forma típica de inducir al jugador a anticipar una fuerza inminente. Si la heroína hubiese mostrado temor, habría sugerido que necesita que venga un héroe a rescatarla. Dibuja rayos ondulantes blancos que emanen de la heroína para mostrar su fuerza.

Trajes de fantasía

Ésta es la típica interpretación de un "demonio", con cuernos creciéndole de la cabeza, una cola y sujetando un látigo demoníaco con poderes especiales. No es una chica con la que te gustaría encontrarte en la vida real. Básicamente va vestida con ropa fetichista, como la representación quintaesencial de lo anormal. Este atavío se ha convertido en un símbolo de la personalidad sádica. Naturalmente se le representa con negro y rojo vivo. Usa colores poco convencionales para los ojos y el pelo como verde o plateado para añadir más "autenticidad".

Aquí vemos a una elfa llevando la típica espada estrecha y fina. Usa esencialmente este estoque, que se suele representar en tonos plateados. Los elfos raramente usan otro tipo de arma. En los cuentos e historias, los elfos prefieren la ropa ligera y evitan usar metales, así que procura dibujar de tal forma que evoque fibras naturales.

El diseño de este personaje está inspirado en los gladiadores de la Antigua Roma. En el mundo de fantasía, tiene el papel de una guerrera. Su armadura, que consiste en una coraza pesada, es un elemento que se le suele añadir a los trajes de este mundo. Por alguna razón inexplicable, la tan poco práctica armadura de dos piezas, tipo bikini, se ha impuesto como estándar en este tipo de trajes. Por decirlo de otra manera, ésta es una fantasía casi inverosímil. Sin embargo, como esta gladiadora ha de luchar delante de un gran público, añade brillo a su armadura para darle esplendor.

Los cuernos rectos suelen recordar más a los demonios japoneses. Los cuernos torcidos de carnero son el símbolo del diablo.

Un signo distintivo de los elfos son las orejas puntiagudas.

Los accesorios élficos se basan en formas de animales y plantas.

Consecuentemente, se les suele representar con un talle esbelto y con vestidos cortísimos.

El tallo acabado en punta es signo de un diablo y un ingrediente típico para personajes malvados.

La espada tiene forma de cruz, por lo que se convierte en un arma sagrada. El látigo queda mejor para los malos.

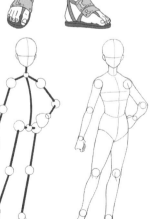

Los brazos y las piernas muy separadas muestran confianza en sí misma.

La cintura es estrecha y la espalda curvada.

Trajes de fantasía: escenas de combate

Una composición desde la perspectiva del atacado es una imagen con mucha fuerza. Añade sombra a la espada alzada. Usa planos cortos, distorsionando el tamaño de la cara y del pie delantero, para crear una sensación de distancia y de este modo realzar la fuerza de la imagen.

En Japón, se tiene la impresión de que cualquier personaje femenino en un "mundo de fantasía" se puede convertir en guerrero simplemente dibujándolo con un traje de dos piezas. Por lo tanto, se puede crear una imagen de "poder" simplemente dibujando a la chica con un bikini. Dibújalo desde un ángulo en picado. Un elemento común son las piernas con vendajes.

Trajes de *kung fu* I

Entre los deportes de combate, lo más popular son los trajes de *kung fu* inspirados en vistosos trajes chinos. El diseño que mostramos aquí es en realidad el traje de un hombre, pero que le queda muy bien a la chica atlética. El corpiño es muy amplio, lo que hace que lo pueda usar cualquier tipo de cuerpo. Los colores más típicos en la ropa china suelen ser el rojo y el amarillo. Este vestido también queda muy bien con tonos verdes y marrones apagados.

Aquí tenemos un personaje gracioso que lleva un reservado vestido de estilo chino. Evita dibujar al personaje demasiado delgado, y mantén un poco su cuerpo de niña. Usa colores vivos como el rojo o el azul. Añade reflejos de luz brillante para compensar la falta de estampado.

Este diseño tiene sus orígenes en los primeros juegos de combate. Los diseños con una cintura marcada son perfectos para los personajes más voluptuosos. Un rojo muy vivo es el color más usado. Añade estampados y bordados dorados. Procura no usar el negro, ya que no destaca y hará el diseño demasiado conservador.

En los vestidos chinos, la solapa izquierda va por encima de la derecha. Recuerda que el cierre va siempre a la derecha. Usa el mismo color para los cierres que para los ribetes y conseguirás un diseño más atractivo.

El elemento más importante aquí son los dos moños, que son una característica del personaje.

El pelo está recogido hacia atrás en una cola.

El cinturón ancho acentúa la silueta del pecho, de las caderas y de los muslos. Coloca el cinturón justo por debajo del pecho y añade volumen al pecho y a los muslos.

Combina las muñequeras con la túnica.

Un fajín ancho es la clave de este diseño. Añade arrugas a ambos lados para sugerir que el fajín está bien apretado.

El pantalón bombacho no debe ser más ancho que dos veces el tobillo. Menos volumen presenta una imagen muy cuidada, y más anchura una imagen más elegante.

Los dragones son un símbolo de la Antigua China. Hazte un experto en dibujar cabezas y colas de dragón. Su tamaño dependerá de la composición.

Usa una figura con muchas curvas.

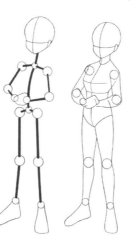

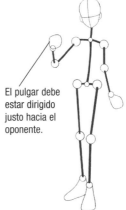

Si dibujas los codos ligeramente flexionados, mostrarás que el personaje está alerta y preparado.

El pulgar debe estar dirigido justo hacia el oponente.

Trajes de *kung fu:* escenas de muestra I

Aquí vemos al personaje haciendo un movimiento giratorio de pie o una patada en redondo. Los movimientos rotatorios son característicos del *kung fu*. Si añades marcas fugaces en la dirección del movimiento sugerirás una velocidad imperceptible para el ojo. Usa el marco para cortar parte de estas marcas y de su pelo para añadir más expansión a la composición. Dale volumen al pelo y hazlo volar por la fuerza del movimiento.

Aquí tenemos el momento en que nuestro personaje ejecuta su movimiento. El dragón que aparece al fondo es un distintivo en las composiciones de *kung fu*. Aunque bastaría con un solo dragón, el uso de dos, uno de ellos subiendo y el otro bajando, equilibrará la composición. Haz las cabezas de los dragones con todo detalle y sus cuerpos estrechándose y desvaneciéndose a medida que se acercan a la cola. Usa primeros planos para sugerir la inmensidad de su tamaño.

Trajes de *kung fu* II

Esta apariencia severa en que el traje disimula todo indicio de feminidad muestra a un personaje con el pelo muy lacio. El cuidado corte a lo *garçon* combinado con la chaqueta le dan una impresión muy seria. Usa una paleta de colores fríos, con azules y verdes.

Las gafas, una trenza y un vestido de estilo chino constituyen otra combinación popular. Intenta proyectar una imagen de ligereza más que de fuerza. Un truco es evitar dibujar estampados a la chaqueta para que los cierres destaquen. Una chaqueta de manga corta es más atractiva para este personaje. Usa una paleta de colores convencional: rojo y bermellón.

Los consumidores prefieren que la Princesita altanera tenga una apariencia sexy, así que esfuérzate en un diseño atrevido. Sólo este personaje llevaría tacones, a pesar de ser una luchadora de *kung fu*. Las claves de este diseño son la larga raja del vestido y el gran escote. Puedes usar cualquier color, siempre y cuando sean vivos. Añade reflejos de luz para evocar un tejido brillante, que dé la sensación de lujo.

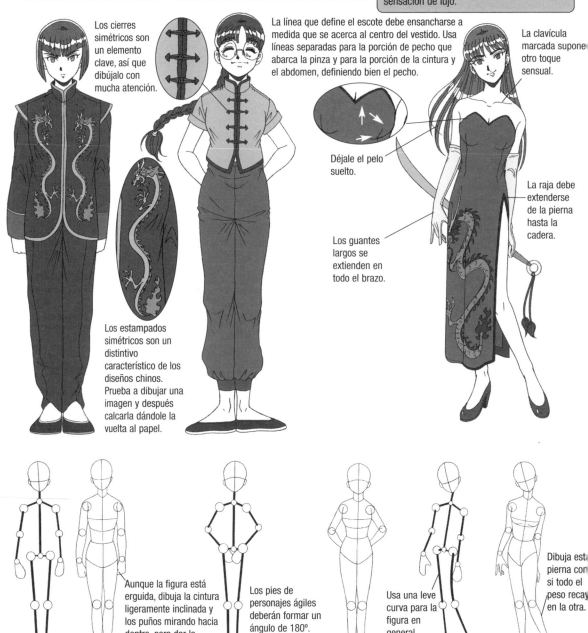

Los cierres simétricos son un elemento clave, así que dibújalo con mucha atención.

La línea que define el escote debe ensancharse a medida que se acerca al centro del vestido. Usa líneas separadas para la porción de pecho que abarca la pinza y para la porción de la cintura y el abdomen, definiendo bien el pecho.

La clavícula marcada supone otro toque sensual.

Déjale el pelo suelto.

Los guantes largos se extienden en todo el brazo.

La raja debe extenderse de la pierna hasta la cadera.

Los estampados simétricos son un distintivo característico de los diseños chinos. Prueba a dibujar una imagen y después calcarla dándole la vuelta al papel.

Aunque la figura está erguida, dibuja la cintura ligeramente inclinada y los puños mirando hacia dentro, para dar la impresión de que está alerta y preparada para la acción.

Los pies de personajes ágiles deberán formar un ángulo de 180º.

Usa una leve curva para la figura en general.

Dibuja esta pierna como si todo el peso recae en la otra.

Trajes de *kung fu:* escenas de muestra II

Ésta es una composición muy efectiva para usar con un personaje que esté blandiendo un arma como la guadaña o la cimitarra china que vemos aquí. La perspectiva en contrapicado permite que la imagen proyecte la sensación de dominio y temible fuerza del personaje. Añade cuidadosamente reflejos de luz a la hoja de la espada que apunta al plano para dar una imagen de vigor. Usa un primer plano y dibuja la cara más pequeña que la espada para obtener una composición más dinámica.

Los personajes de *kung fu* a menudo son capaces de usar artes secretas y artes *ninja*. Usa llamas muy vivas en el fondo para sugerir una tensión emocional. La clave fundamental para dibujar poses impresionantes es sugerir la fuerza a través de miembros del cuerpo extendidos o flexionados al máximo y expresar la fluidez y la gracia enfatizando las curvas. Aquí la clave está en que los brazos del personaje estén extendidos hasta los dedos con rigidez.

Vestidos japoneses

La ropa de combate basada en vestidos japoneses es, después de la ropa de influencia china, la más popular. Los *ninjas* y las *kunoichi* o *ninjas* femeninas, a los que la gente de fuera de Japón suele encontrar misteriosos y antiguos, a menudo se representan vistiendo *hakama*. El dibujante ha de saber que el *hakama* limita al personaje a ciertas artes marciales, como por ejemplo el *aikido*. La parte superior es blanca y la inferior azul marino, negra, ocre y rojo. Los colores vivos no se suelen usar.

A una *kunoichi* normalmente se la representa con un vestido normal para todos los días para una chica que se viste de forma ligera y desprovista de armas. El atributo distintivo de la *kunoichi* es su insinuante y atrevido vestido. Al contrario que la ropa basada en vestidos chinos, la *kunoichi* no admite demasiada decoración; por tanto, para este diseño, se ha incluido un ancho fajín y una cinta enorme para hacerla más atractiva. Usa colores vivos, ya que los colores sombríos despojarían al personaje de su naturaleza fundamental.

Los *ninjas* tienen una imagen silenciosa, austera y reservada. A los *ninjas* se les suele representar con una máscara que les cubre la boca y la nariz y una cota de malla para proteger la parte superior del cuerpo. Los personajes *ninja* femeninos se caracterizan por su belleza natural. El traje normalmente es azul marino o negro. Se debe saber que cuando hay sólo un personaje femenino en un grupo de *ninjas* se le debe distinguir del resto usando blanco, rojo u otros colores vivos.

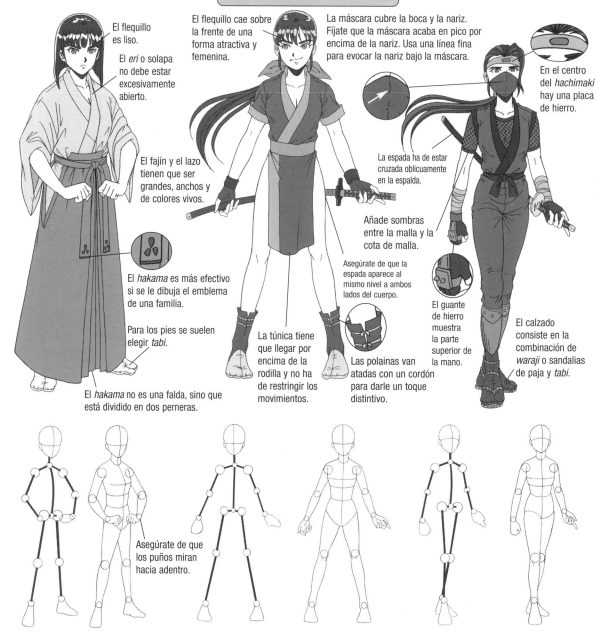

El flequillo es liso.

El *eri* o solapa no debe estar excesivamente abierto.

El flequillo cae sobre la frente de una forma atractiva y femenina.

La máscara cubre la boca y la nariz. Fíjate que la máscara acaba en pico por encima de la nariz. Usa una línea fina para evocar la nariz bajo la máscara.

En el centro del *hachimaki* hay una placa de hierro.

El fajín y el lazo tienen que ser grandes, anchos y de colores vivos.

La espada ha de estar cruzada oblicuamente en la espalda.

Añade sombras entre la malla y la cota de malla.

El *hakama* es más efectivo si se le dibuja el emblema de una familia.

Asegúrate de que la espada aparece al mismo nivel a ambos lados del cuerpo.

El guante de hierro muestra la parte superior de la mano.

Para los pies se suelen elegir *tabi*.

El calzado consiste en la combinación de *waraji* o sandalias de paja y *tabi*.

La túnica tiene que llegar por encima de la rodilla y no ha de restringir los movimientos.

Las polainas van atadas con un cordón para darle un toque distintivo.

El *hakama* no es una falda, sino que está dividido en dos perneras.

Asegúrate de que los puños miran hacia adentro.

Vestidos japoneses: escenas de combate

Aquí vemos a nuestra chica haciendo uso de las artes *ninjas* para propulsarse hacia el espectador. Los cuchillos no los está sujetando con los pulgares, sino con el dedo índice, el medio y el anular. Las líneas degradadas se oscurecen a medida que se acercan al marco de la escena, realzando así la sensación de fuerza. La clave para esta composición es atraer el ojo del espectador al centro, más que al desplazamiento de la figura. El cordón que ata la cola de caballo del personaje es visible desde este ángulo.

Esta imagen muestra el momento en que nuestra chica da un salto hacia atrás, y golpea a su oponente. Estos movimientos acrobáticos son propios de un *ninja*. Procura no dibujar el pie con todo detalle. En su lugar, usa líneas arremolinadas que sugieran velocidad. La cola de caballo tiene que mostrarse colgando, debido a los efectos de la gravedad. El pelo lo tiene recogido con un cordón. El fajín ha de ser visible.

Ropa para *Magical Girls*

Aunque los vestidos para este género suelen ser de fantasía, procura elegir un tema único para tus diseños. Este personaje es un "ángel" y así lo demuestran sus accesorios y su atavío. Convencionalmente este personaje lucha y se defiende de su enemigo con este vestido con volantes tan poco práctico. Unifica los vestidos, dibujando a todos los personajes de tonos pálidos y pastel. El color más típico es el rosa.

El motivo que representa a este personaje es el melocotón. El traje deriva del estilo *kung fu.* La punta de la vara es un melocotón con un toque de fantasía. Se suele recurrir a personajes de este tipo cuando el patrocinador del producto es una marca de juguetes, y en esos casos los elementos como esta vara suelen ser obligatorios. La paleta elegida para este diseño contiene tonos rosas, por ser el melocotón el tema central.

La parte inferior de la vara está adornada con hojas.

Alas de ángel.

Como esto es una vara mágica y no un arma, puedes dibujar un bastón fino y delicado.

Este motivo de melocotón subraya la imagen en general.

Deja el ombligo visible para darle al personaje una apariencia infantil.

El sombrero con forma de capullo hace juego con la falda.

El lazo recuerda las alas de una mariposa.

El lazo normalmente es grande.

No dibujes el cuerpo totalmente rígido, sino con una leve curva.

El vestido está hecho de un tejido delicado. Evita los metales.

La falda se frunce como el capullo de una flor.

La punta de la vara tiene que tener algún motivo floral. Un trébol de cuatro hojas como el que se muestra también es aceptable.

Los zapatos de *kung fu* también están decorados con hojas.

El tema de este personaje es "floral". Las formas onduladas de su vestido y su falda abombada evocan una flor. Su vara, que lleva una flor como emblema, realza el tema principal. La paleta de colores que se ha usado consiste en tonos pastel.

Los adornos tienen forma de pétalo de flor.

Estos adornos parecen pistilos, que están unidos a adornos en forma de estambre.

Elige una pose que sea graciosa más que una posición de preparación para el combate.

Seres mágicos: Escenas de combate

Las chicas con poderes normalmente usan magia y las escenas del personaje en lucha suelen mostrarlas lanzando sus poderes desde una posición distanciada de su oponente en vez de enfrentarse en un combate directo. Las imágenes del personaje con sus manos extendidas lanzando su poder mágico son muy comunes. Desplaza al personaje del centro de la composición cuando la dibujes proyectando sus poderes.

Los vestidos de las *bishojo* mágicas no suelen seguir diseños originales de combate. La vara mágica aparece con más frecuencia que los poderes mágicos. Es muy común mostrar al personaje blandiendo su vara sobre la cabeza, pronunciando un conjuro con los ojos cerrados. Más que al personaje, procura colocar la punta de la vara en el centro de la composición, usando un ángulo bajo para que el espectador mire hacia arriba. Esto resultará una composición muy efectiva.

Aunque la apariencia física del personaje y la ropa son importantes, hay que prestar especial atención a los detalles, incluidos sus efectos personales y accesorios. De este modo, el joven artista se convertirá en un profesional. Los elementos básicos que te presentamos en las siguientes páginas son probablemente los detalles que necesitas aprender para tener éxito. Esfuérzate en ampliar tu repertorio creando los tuyos propios.

Artículos de colegio I: carteras de colegio

Aunque la cartera de colegio siempre se dibuja con el uniforme, un gran número de artistas se conforma con dibujar una bolsa chapucera que consideran "pasable". Como mínimo, practica los diseños de carteras para asegurarte de que eres capaz de dibujarlas perfectamente desde varios ángulos.

| Cartera de colegio | | Bolso |

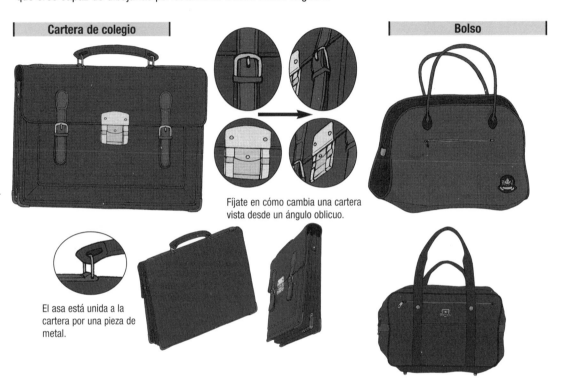

Fíjate en cómo cambia una cartera vista desde un ángulo oblicuo.

El asa está unida a la cartera por una pieza de metal.

Artículos de colegio II: zapatos

Sin contar los zapatos especiales para actividades extraescolares, aquí tienes los tres tipos de zapatos que llevan las chicas para el colegio: 1) zapatos para el colegio; 2) zapatos de lona para dentro de la clase; y 3) zapatillas de deporte para la clase de gimnasia. Asegúrate de que eres capaz de dibujar hábilmente al menos uno de cada categoría.

El calzado de colegio más tradicional es el clásico mocasín. El zapato está hecho de piel con un acabado resistente al agua. Suelen ser de color marrón o negro.

Los mocasines de borla incluyen una lengüeta de flecos, hecha de la misma piel que el resto del zapato. La lengüeta tiene una o dos capas. El color más común es el marrón claro u oscuro.

Las bailarinas tienen mucha clase y son perfectas para los personajes tipo princesa. Como frecuentemente están confeccionadas de charol o de piel de alta calidad, normalmente se añaden reflejos de luz para sugerir brillo. El color más apropiado es el negro.

Artículos de colegio III: bolsos y capazos

Las chicas casi nunca salen de casa sin un bolso o una cartera, ya sea para salir por la noche por la ciudad con amigas o para acudir a una cita. Los bolsos son esenciales. En esta página te presentamos tres categorías generales: 1) bolsos de mano y cruzados; 2) mochilas y carteras; y 3) capazos.

Bolsos de mano y cruzados	**Mochilas y carteras**	**Capazos**

Éste es el tipo de bolso que llevan los personajes cuando se arreglan. La figura superior muestra el bolso que quizá le vaya mejor a la Sexy o a la Heroína. Añade reflejos de luz para sugerir brillo y evocar la sensación de un producto de categoría. La figura inferior muestra un pequeño bolso que va mejor para un personaje más alegre y vivaz. Se puede mostrar al personaje con el bolso colgado del hombro o, para una apariencia aún más graciosa, en la mano, balanceándolo mientras anda.

Estas bolsas, que se llevan al hombro o a la espalda, están diseñadas para llevar cargas pesadas y a menudo aparecen en un picnic o escenas de ese tipo. Las mochilas son más atractivas si se llevan en la parte inferior de la espalda más que en la superior. Dibuja a tu personaje con un sombrero para darle una apariencia distinta a la habitual.

Los capazos son de mano y se suelen llevar para ir a hacer la compra. Normalmente son de vinilo o de lona, son ligeros e informales y perfectos para dar un paseo o ir de compras. Procura no dibujarlo extremadamente grande o darás la impresión de que lleva dentro algo de especial relevancia.

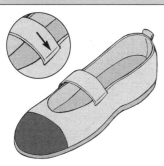

Los *uwabaki* son zapatos de lona que se llevan exclusivamente en interiores. La correa y el ribete son elásticos. La puntera es de goma, así que distingue bien los diferentes materiales cuando dibujes el zapato. Las zonas elásticas de goma parecen más realistas cuando se dibujan las costuras.

Aquí tienes dos categorías de zapatillas de deporte: 1) "de marca", figura izquierda; y 2) genérico, figura derecha. Las zapatillas de deporte o deportivos aparecen generalmente cuando se dibujan actividades extraescolares y escenas de deporte. Si incorporas elementos de diseño realzará la imagen. Fíjate bien en las distintas maneras de colocar las cordoneras.

Combate I: armas de fuego

El tipo de armas más común para los personajes femeninos en videojuegos son las pistolas. Después vendrían las ametralladoras, pero éstas no son tan comunes. Las armas de fuego grandes tienen la desventaja de que es difícil saltar con ellas y ocultarlas. Las armas de fuego grandes también son difíciles de dibujar estéticamente bien, si no es en dos o tres dimensiones. Has de saber que, por el contrario, las escopetas, los *bazookas* y otras armas especiales quedan muy bien cuando se representan con tamaños desproporcionados. Practica dibujando las cuatro armas de fuego básicas de las siguientes páginas.

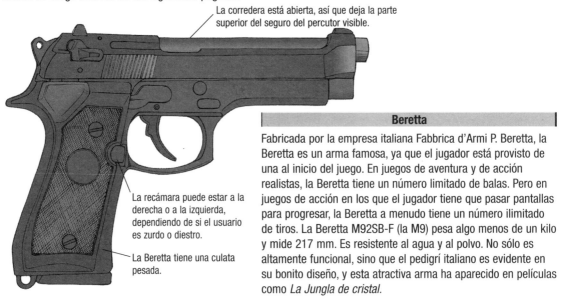

La corredera está abierta, así que deja la parte superior del seguro del percutor visible.

La recámara puede estar a la derecha o a la izquierda, dependiendo de si el usuario es zurdo o diestro.

La Beretta tiene una culata pesada.

Beretta

Fabricada por la empresa italiana Fabbrica d'Armi P. Beretta, la Beretta es un arma famosa, ya que el jugador está provisto de una al inicio del juego. En juegos de aventura y de acción realistas, la Beretta tiene un número limitado de balas. Pero en juegos de acción en los que el jugador tiene que pasar pantallas para progresar, la Beretta a menudo tiene un número ilimitado de tiros. La Beretta M92SB-F (la M9) pesa algo menos de un kilo y mide 217 mm. Es resistente al agua y al polvo. No sólo es altamente funcional, sino que el pedigrí italiano es evidente en su bonito diseño, y esta atractiva arma ha aparecido en películas como *La Jungla de cristal.*

La mira trasera se ajusta verticalmente usando el pulgar.

El gatillo se echa hacia atrás para disparar.

La empuñadura delantera sirve para reducir el culatazo.

Heckler and Koch (H&K) MP5

La H&K MP5 es una ametralladora compacta de gran poder fabricada por la compañía alemana Heckler & Koch GmbH. El cañón tiene un diámetro de 9 mm y una longitud de 32 cm, pesa poco más de kilo y medio y tiene un acabado negro mate granulado, lo que la convierte en un arma pequeña y perfecta para personajes femeninos. La MP5 puede ocultarse fácilmente en un maletín. Es un arma extremadamente segura y no corres el riesgo de fallar. La policía la suele usar en la lucha antiterrorista y sólo aparece ocasionalmente en peleas callejeras. El MP5 aparece en *Arma Letal* y en otras películas, ¡compruébalo!

Combate I: armas de fuego

Aquí se une un silenciador. Estos dispositivos están prohibidos en EE.UU.

Incluye una culata plegable para el hombro, aquí se muestra plegada.

La culata es más ligera que la de las pistolas.

Ingram M11 Heavyweight

Es realmente compacta, mide 22 cm en total y pesa menos de 1,5 kg. La Ingram M11 es la ametralladora más pequeña del mercado. Fue desarrollada por la compañía norteamericana RPB Industries en 1972, y su precio moderado y tamaño compacto hacen que tenga mucho éxito.

Como se puede ocultar fácilmente, muchas de las fuerzas especiales de todo el mundo y agentes secretos la usan. Como la M11 es muy ligera y puede disparar 1.200 balas por minuto, es muy difícil de controlar. Aunque en las películas la suelen manejar con una sola mano, un arma así es extremadamente peligrosa para alguien que no sea profesional. La M11 aparece en *Desafío total*.

Cilindro con ranuras

Culata de madera

Escopeta

En los videojuegos, las escopetas suelen ser premios para el jugador como un extra. La escopeta dispara muchos perdigones diminutos, lo que la capacita para deshacerse de múltiples enemigos o monstruos de una vez. Una desventaja es que tiene un número limitado de disparos y se pueden perder las oportunidades más importantes si no se recarga constantemente. La escopeta tiene una larga historia. Originalmente fue creada por el industrial norteamericano Charles Parker en 1868, más tarde fue comprada por Remington Arm en 1930 y fue usada por la escolta que protegía a las diligencias. Actualmente, como EE.UU. es un país con un índice tan alto de crímenes, suele llevarse en todos los coches de policía como medida de seguridad. La escopeta es negra y con la culata de madera.

Con ametralladoras de tamaño mediano.

Combate II: armas blancas

Las escenas de combate *bishojo* no sólo incluyen armas de fuego del moderno Oeste, sino que también armas tradicionales asiáticas, especialmente de China, Japón y también del Medievo europeo. Estos equipos de protección aparecen cuando los personajes se enfrentan a un combate mano a mano. Las escenas que muestran a nuestra chica usando hábilmente estas armas para vencer cómodamente a su adversario constituyen uno de los puntos más importantes de los juegos de combate. En esta página te presentamos cinco de las más comunes.

Nunchaku

Los *nunchaku* son un arma cuyo origen es el kárate de Okinawa y ha ido pasando de generación en generación. Los *nunchaku* se hicieron famosos con las películas de Bruce Lee y se establecieron firmemente como un arma usada en *Jeet Kune Do*, el estilo de arte marcial que practicaba Bruce Lee, y como el arma usada por personajes chinos.

Guantes para puñetazos

Estos guantes están diseñados para proteger las manos. Los guantes de boxeo impiden el uso de los dedos en el combate, así que, a menos que tu personaje sea un boxeador, dibújalo con estos guantes, que son estéticamente más agradables.

Lucero del alba

El lucero del alba es una bola de pinchos colgada del extremo de una cadena atada a un palo. La cadena también se usa para atacar al enemigo. Los pinchos de la bola amplían la capacidad ofensiva del usuario. Es un arma extremadamente engorrosa.

Tonfa

Los *tonfa* se usan por pares. Se coge uno con cada mano por la empuñadura con el palo siguiendo el brazo. Una mano se usa para defenderse de los golpes, mientras que la otra se gira para atacar al oponente. A pesar de que el *tonfa* tiene sus orígenes en el kárate, es una herramienta de uso general.

Espada de doble filo

Una espada de la Edad Media europea usada en juegos de fantasía. Aunque también se usan espadas de un solo filo, las de doble parecen adaptarse mejor a las manos de un héroe. Estas espadas se presentan en varios tamaños, algunas incluso más altas que el que las empuña. El peso de estas espadas se hace evidente en las escenas en las que se usan para cortar o talar.

CAPÍTULO 4

Lenguaje corporal

En este capítulo presento algunas de las poses usadas con más frecuencia en la publicidad o efectos visuales del juego, figuras de acción y áreas periféricas del juego en sí. Naturalmente, estas poses también se usan en el juego real y para diseños de los personajes. Estas poses quizás aparezcan más frecuentemente en pósters y carteles que anuncian el juego que en el juego en sí. Como el aspecto visual se enfatiza en estas poses, a veces no se puede precisar lo que está pasando, y hace que parezca difícil captarlas desde la perspectiva del artista. Ten en cuenta todo el tiempo la idiosincrasia del personaje y la naturaleza del trabajo cuando crees poses de este estilo.

Preparándose para el combate

Al describir el momento tenso de la espera de una luchadora, muéstrala concentrándose en soledad. Mostrar al personaje rezando o asumiendo una postura de preparación son maneras de que el artista enfoque la disciplina del arte marcial que practica el personaje.

Estrecha la distancia entre las cejas y arquea las cejas hacia arriba para conseguir un efecto de tensión.

El tipo de arte marcial afecta a la elección de la postura que se asume antes de un combate. Por ejemplo, en kárate y en *kung fu* de Shaolin, las manos se colocan para expresar respeto hacia el oponente. Como estas posturas fueron desarrolladas originalmente por hombres, debes dar a los personajes femeninos una apariencia rígida y masculina cuando adopten estas posturas.

Y además...
Los puños dibujados con una línea más fina que la que uses para los contornos del brazo representan la postura adoptada justo un segundo antes. Si incluyes esta postura adicional, darás la impresión de movimiento.

Deja el extremo de la cinta del pelo colgando y ondeando hasta este punto y presentarás una imagen visualmente muy agradable.

Estas líneas sugieren un estómago en forma.

Los dedos están separados.

Los bordes rasgados de los pantalones están hacia arriba para sugerir la fuerza del oponente.

Los pies están separados más o menos la misma distancia de sus hombros. No dibujes las puntas de los pies hacia dentro.

Los pies descalzos son frecuentes.

El peso recae en la pierna opuesta al puño.

Atarse la cinta del pelo firmemente permite al luchador concentrarse. Si muestras el pelo perfectamente recogido en una cola de caballo evocarás la sensación de tensión. Dibuja las rodillas muy separadas y la espalda y las caderas erguidas para mostrar que el personaje está tenso y no simplemente de pie en un estado de relajación.

Este personaje está representado con todo su cuerpo tenso mientras espera el ataque de su oponente. Su mirada está fija en los ojos de su enemigo. Haz que el personaje no tenga su peso repartido en las dos piernas por igual, sino que esté concentrado en una de ellas para realizar fácilmente su siguiente movimiento.

Victoria

Estas posturas muestran el momento de alegría que el personaje siente al vencer a su rival con un movimiento final decisivo. A diferencia de las escenas de preparación para el combate, usa líneas principalmente suaves aliviadas de tensión. Recuerda añadir toques femeninos para estas posturas.

Ambos brazos están levantados, lo que hace que la clavícula forme una V.

La cabeza está inclinada hacia el hombro contrario del brazo levantado.

El torso está flexionado, lo que hace que sea visible una parte de la espalda.

El nudillo del dedo medio es el que más levantado tiene que estar.

Añade una curva delicada sobre las pestañas para sugerir un ojo firmemente cerrado.

Y además...
Los dedos no están entrecruzados, sino que la mano derecha está sobre la izquierda.

Combina el traje con zapatos chinos.

Los que siguen los pasos de un arte marcial tradicional muestran respeto a su adversario incluso tras haber luchado contra él o ella y haber escondido cualquier señal de alegría tras haber ganado. Esta postura muestra al personaje haciendo una reverencia cortés. Al contrario que las posturas previas al combate, estas posturas no muestran tensión. Las piernas están juntas en un estado más natural y la boca está relajada.

Esta postura muestra a nuestra chica luciendo sus músculos como celebración de victoria. Sonríe y guiña el ojo a sus compañeras. Como la parte superior del cuerpo está en una pose de chico, añade toques femeninos al personaje, como torcer las rodillas hacia dentro, etc.

Aquí, el personaje está expresando euforia con todo su cuerpo, al saltar inconscientemente en el momento decisivo de la victoria. Cuando dibujes esta postura, dobla la rodilla hacia dentro y mantén el brazo cerca del cuerpo para sugerir la falta de modestia femenina. Su cara expresa una sonrisa de oreja a oreja y muestra una alegría infinita.

Derrota

En estos casos vemos al personaje hundido en la derrota a manos de su oponente. A pesar de haber luchado con valentía hasta este momento, en la derrota se desploma en una pose delicada y femenina. Muestra el desánimo emocional más que el dolor físico y resultará una compasión más visualmente intensa.

Aquí vemos a nuestro personaje llorando, incapaz de reponerse de la derrota. Cubre su cara y se limpia las lágrimas con el puño doblado, sugiriendo la profundidad de su frustración y angustia de su derrota

Más que dibujar el esparadrapo con curvas paralelas, para conseguir un efecto más realista, dibújalo con líneas irregulares que muestren que el esparadrapo se ha colocado de una forma firme.

Aquí vemos al personaje apoyado en una rodilla, decepcionado tras darse cuenta de su derrota. Baja la cabeza, cierra los ojos y se muerde los labios para intentar reponerse de la amargura de su derrota. El punto clave aquí es que los codos, la cintura y los dedos están flexionados y que la mano permanece en el suelo en una actitud enervada.

La cara mira directamente hacia abajo. Una técnica para expresar tristeza es cubrir los ojos con una sombra negra sólida.

Cuando dibujes el perfil de la cara, usa líneas verticales para sugerir las pestañas.

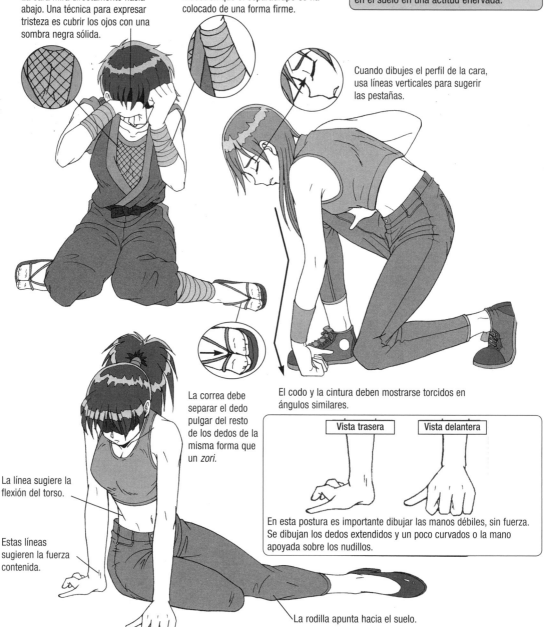

La línea sugiere la flexión del torso.

Estas líneas sugieren la fuerza contenida.

La correa debe separar el dedo pulgar del resto de los dedos de la misma forma que un *zori*.

El codo y la cintura deben mostrarse torcidos en ángulos similares.

Vista trasera	Vista delantera

En esta postura es importante dibujar las manos débiles, sin fuerza. Se dibujan los dedos extendidos y un poco curvados o la mano apoyada sobre los nudillos.

La rodilla apunta hacia el suelo.

Movimientos clave

El movimiento clave es la gran postura final del personaje, el momento en el que se realiza el golpe decisivo. Dibuja a la figura entera con líneas rígidas para sugerir la tensión del cuerpo, de la cabeza a los pies. Es bastante difícil dibujar saltos y movimientos similares. Pero si incluyes por lo menos un movimiento conseguirás un poco de entusiasmo en tu trabajo.

Extiende el pulgar todo lo posible y dibuja los demás dedos flexionados.

Aquí el personaje salta y da una patada devastadora al vuelo a su adversario. El truco para hacer que este movimiento parezca suficientemente impresionante es mostrar el talón sobresaliendo. Dibuja los extremos del cinturón y de la cola ondeando para evocar una sensación de velocidad.

Se forma una línea recta desde el talón hasta la cintura, incluso hasta la cadera.

Evita mostrar los dientes de los personajes femeninos. Es aceptable mostrarlos sólo en circunstancias especiales, pero limítate a los superiores.

No te olvides de incluir trazos que evoquen el tobillo

Los dedos deben representarse más delgados cuando se alejan del plano de la imagen.

Dibuja líneas a cada lado del ombligo que sugieran los músculos abdominales.

Crea un rostro serio acercando el lagrimal del ojo a la ceja.

Como la perspectiva muestra la pierna extendida hacia atrás, la parte que va de la espinilla a la rodilla queda oculta a la vista.

Añade trazos extra para sugerir la axila.

El muslo está orientado hacia el plano del dibujo, como en un primer plano.

Si añades trazos pequeños darás una sensación de tejido más realista.

Aquí vemos el movimiento en que el personaje impulsa todo su cuerpo para dar un puñetazo, empujando el puño para propinar el golpe. Inconscientemente abre la boca y emite un grito. Exagera el tamaño del puño para realzar la sensación de poder.

Aquí vemos al personaje lanzando un ataque de poder invisible de las palmas de las manos. Más que tratarse de un movimiento de artes marciales real, la acción contiene elementos mágicos. Para ilustrar la fuerza del poder lanzado, muestra la ropa y el pelo hacia atrás.

Recibiendo golpes

Esta página muestra esos momentos en que el personaje queda herido tras un golpe decisivo de su oponente. Estas escenas las muestran cayendo al suelo en movimientos exagerados. Si tiene tiempo suficiente antes de recibir el golpe, naturalmente alzará las manos para cubrirse del ataque. Puedes usar iconos y elementos visuales típicos del manga para sugerir velocidad o el impacto de los ataques.

Sugiere el impacto del golpe mostrando el pelo hacia arriba.

Cuando el pie está estirado, se forma un arco en la punta.

Añade líneas que emanen de este punto.

Si muestras todos los dedos abiertos a una misma distancia, darás la impresión de que tiene la mano abierta al máximo.

Aquí vemos el momento en que el personaje cae derribado y vuela sin poder evitarlo hacia atrás. Su expresión facial muestra una combinación de temor y sorpresa. Equilibra la sensación de caída dibujándole el pelo ondeando en la dirección contraria a la caída, en este caso al aire.

Los pies deben estar abiertos a una distan[cia] superior que la de los hombros.

Añade líneas en las articulaciones para sugerir los nudillos.

Usa una línea angular para representar el hueco de la palma de la mano.

Cuando el oponente da un golpe para derribar al personaje paralelo al plano del suelo, dibuja al personaje con los miembros extendidos longitudinalmente.

Aquí vemos al personaje tambaleándose tras haber recibido un golpe, preparándose para un nuevo ataque con su pie trasero. Tiene las manos cruzadas protegiéndose el pecho. Si muestras la cabeza hacia abajo, sugerirás la fuerza del oponente.

Aquí vemos al personaje siendo lanzado en paralelo al plano del suelo por un gran golpe. Tiene los pies hacia abajo y las caderas flexionadas. Si muestras las dos manos caídas hacia abajo, sugerirás que el impacto ha sido en el abdomen.

Retando al oponente

Éstas son posturas en las que muestran burla para enfadar al adversario. Éstas se usan principalmente cuando el personaje es físicamente superior a su oponente. Puedes añadir elementos de humor para hacer la escena más cómica. Procura añadir esa naturaleza encantadora aunque insufrible, característica de las chicas que provocan a su adversario.

La palma se enfrenta al oponente.

El elemento clave aquí es el cuerpo flexionado intencionadamente.

Si separas el iris de la parte inferior del contorno del ojo evocarás la mirada hacia arriba.

El dedo no está recto, sino ligeramente doblado.

El dorso de la mano mira hacia el oponente.

La boca muy abierta, los ojos cerrados y una lágrima brotando son tres signos de un bostezo.

El tobillo debe marcarse aunque lleve el pie vendado.

Añade estos trazos para sugerir que la mano no agarra la cadera, sino que simplemente se apoya en ella.

Los tacones altos generan una apariencia de chica rebelde.

"¡Je, je!" Aquí vemos a nuestra chica burlándose de su adversario. Exagera la forma en que se dobla para obtener una situación más efectiva. Si muestras una mano con los dedos abiertos, dirigida al oponente darás la impresión de que se está burlando de su oponente.

¡NOTA!
El talón y los dedos se mueven, por lo que no se han de vendar.

En esta escena, el personaje reta con el dedo a su adversario como si dijera: "¡Ven aquí!". Los personajes del tipo Chica rebelde obstinada, a menudo asumen esta postura. Concentra firmemente los ojos en los del oponente y tiene una mano en la cadera de una forma arrogante. Procura dibujar la espalda recta.

Aquí tenemos un bostezo fingido para retar a su rival. Una de las manos y las dos rodillas están estiradas. Los pies han de estar firmes en el suelo para asegurar el equilibrio.

Las chicas muestran expresiones y gestos faciales cándidos en el colegio, quizá por estar rodeadas de sus amigas. Una parte del mundo de las chicas tiene que ver con su relación con los chicos: las chicas suelen charlar en grupo o intercambiarse ropa. Algunos de los tipos de gestos y expresiones que suelen aparecer en los juegos *bishojo* han sido reunidos y te los presentamos aquí abajo.

Gestos con otras compañeras

Estas composiciones no sólo aparecen en el juego en sí, sino que también se usan para los pósters y publicidad del juego. El dinamismo de la relación entre chicas también puede expresarse, dependiendo de la pose. Combina personalidades diferentes, la confidente y la que escucha; una que bromea y otra que se ríe, para conseguir una pareja equilibrada.

La mano no está cogida del hombro, sino entrecruzada con la otra que está por detrás.

Usa estaturas distintas para distinguir las edades.

El cuerpo está inclinado, lo que hace que este hombro esté más alto.

Y además...
La forma en que un personaje coge algo depende de su personalidad. La empollona ase las cosas con suavidad. La Lolita agarra las cosas como a un osito de peluche.

Mayor	Menor

Un truco es mostrar al personaje mayor sin abrazar al personaje menor para sugerir que en realidad es la menor quien abraza a la mayor.

Las escenas de una chica menor colgada del hombro de una mayor sugieren el grado de intimidad entre ellas. Aunque los dos personajes son expresivos, el mayor ha optado por una pose más segura de sí misma, mientras que la menor está colgada del hombro de la mayor, lo que sugiere dependencia emocional.

El arco en ese lado sugiere que está siendo arrastrada hacia el otro personaje.

Cuando crees una composición de dos personajes abrazados, dibuja primero al personaje abrazado y luego añade al otro. Aquí vemos a la heroína y a la empollona. Ésta es una imagen de dos empollonas amigas con personalidades similares. Aquí, la heroína es la que contiene más la pose, mientras que la empollona la abraza con entusiasmo.

Aquí tenemos a un personaje dependiente abrazado por un personaje al que normalmente protege. Decide las personalidades de los dos personajes antes de dibujarlos. La posición de las manos es un elemento esencial.

Dominar las faldas rebeldes

Éstas son escenas de chicas presas del pánico que intentan controlarse la falda levantada por una brisa de aire repentina: una imagen que les encanta a los chicos que tienen la suerte de ser testigos. Puedes dibujar al personaje sujetándose la falda con firmeza, mostrando un poco más de las piernas de lo habitual. Decide si quieres hacer la escena cómica o simplemente mostrar distracción o vergüenza más propia de la personalidad del personaje.

Dibuja algunas mechas despeinadas por el viento.

La brisa también hace que vuele el lazo.

Si muestras revuelto un cabello que normalmente está bien peinado, realzarás la sensación de la brisa del viento.

Usa líneas de diferente grosor para el contorno del pecho y los pliegues.

Si muestras un poco de piel, añadirás gracia a la escena. Usa una línea delicada para definir el hueso de la columna.

Dibuja el interior de la falda de un color más oscuro para que el espectador sea consciente de lo que está pasando.

La postura más común es dibujar las rodillas y los pies del personaje hacia dentro.

El personaje tímido y apacible está intentando colocarse la falda con rapidez. Primero dibuja los pliegues de la falda, siguiendo la silueta del cuerpo desde las caderas hasta las piernas, justo por encima de las rodillas. Después añade líneas hacia arriba que evoquen la falda levantada por el viento.

Los pies están muy separados.

Si muestras el tacón elevado, evocarás la sensación de que el personaje está angustiado.

Incluso la Sexy se altera en situaciones como ésta. Aquí la vemos ruborizada inconscientemente, como si intentara desesperadamente colocarse bien la falda. Dibuja los extremos del lazo y el pelo ondeando para crear la imagen de una fuerte ráfaga de aire.

El personaje está inclinado hacia delante, así que dibuja la insignia del colegio medio oculta.

Exagera la expresión de alarma en los personajes energéticos y vivaces. Si la muestras sujetándose al mismo tiempo la falda por delante y por detrás sugerirás una sensación de pánico y nervios. También puedes añadir signos exagerados de sudor y otros signos de distracción.

Comiendo

Se suele decir que la personalidad y la educación de alguien se puede observar mirando la forma de comer. Este tipo de escenas suelen mostrar la personalidad del personaje. En esta página te mostramos las tres escenas más comunes de comida: desayuno, almuerzo y comida en una cafetería. También hay escenas comiéndose un sándwich en clase, comiendo por el camino, etc.

Ésta es una escena familiar en la que nuestra chica se ha quedado dormida y se prepara para ir al colegio a toda prisa. La tostada que lleva en la boca tiene una función "simbólica", que ilustra una escena por la mañana. Si muestras a la chica sujetando la tostada por una esquina ilustrarás una imagen simpática.

Esta escena muestra a un personaje alegre y vivaz sorbiendo fideos en la cafetería del colegio. Esta imagen no quedaría bien con personajes reservados o más maduros. Si la muestras en el momento en que se está comiendo un fideo, permitirás al espectador que vea lo que está comiendo.

Usa trazos cruzados para sugerir la apariencia de tostada.

Dibuja el fideo en forma serpenteada para crear la sensación de que lo está sorbiendo con gusto.

Añade una gota de sopa en la mejilla.

Si añades líneas horizontales sobre los pliegues de la falda darás la sensación de vuelo de la falda en el momento de prisa.

Y además...
Los pliegues y el puño de la manga cambian según haya un brazo dentro o no. El puño de la manga sin brazo dentro parece desinflado.

Dibuja al personaje sólo en calcetines para sugerir las prisas para ir al colegio.

No te olvides de incluir la servilleta que envuelve el *bento* o paquete de comida. Incluye una línea para la silueta del muslo, para sugerir que la pierna parece más ancha por estar apoyada en el suelo.

Añade líneas onduladas para evocar el vaivén de la sopa por el balanceo del bol. La imagen parecerá escasa si no añades más comida en el bol.

Manga sin brazo

Manga con brazo

Los *uwabaki* son zapatos que sólo se llevan en interior, por lo que realza la idea de una escena en el colegio.

Ésta es una escena en que nuestra chica hace un picnic en el patio del colegio con sus compañeras aprovechando el día soleado. Si dibujas la composición desde un ángulo alto, mostrando el contenido del *bento*, conseguirás un buen efecto visual. El contenido de la comida ha de ser con mucho colorido, como esperaría una chica de colegio.

Cambiarse de ropa

En los juegos *bishojo* o en los videojuegos con heroínas femeninas no pueden faltar las escenas en las que aparece alguna chica cambiándose de ropa. A pesar de eso, hay que tener en cuenta que, si esas escenas no se dibujan con cuidado, se puede dar una imagen indecente y ofensiva, por lo que ya no se vería igual al personaje. Lo más común en este tipo de escenas es sugerir, enseñando sólo un poco de ropa interior. Sin embargo, si la escena no es lo suficientemente sugerente quedaría poco interesante.

En esta escena vemos a un personaje preparándose para algún encuentro o actividad deportiva. Está a punto de salir así que empieza a quitarse la camiseta. Como lleva el uniforme debajo, no tiene ningún pudor en quitársela. Se pretende conseguir una imagen sana y alegre.

Dibuja el ombligo con una línea vertical.

El tirante del sujetador tiene que quedar cerca del cuello, justo después de la zona más alta del hombro.

Como está estirándose para quitarse la camiseta, el pecho no debe sobresalir mucho.

Si se coloca la trenza hacia delante sobre el hombro, la nuca queda visible y la pose es más femenina.

El pelo cae recto.

Y además...
La composición mejorará si dibujas la distancia desde la cintura hasta debajo del pecho más corta que la distancia desde los hombros hasta debajo del pecho.

Dibujando el dobladillo de la blusa flotando damos la sensación de "cogida por sorpresa".

Típica postura de los pies mirando hacia dentro.

Y además...
Modifica la apariencia del puño dependiendo del punto de vista que utilices. Intenta, al menos una vez, observar tu puño en un espejo y practicar dibujándolo.

Esta escena es muy común. El personaje se está cambiando cuando, por error, alguien irrumpe en la habitación. Cogida por sorpresa, intenta taparse como puede; aún así, el jugador llega a vislumbrar su piel. Su expresión es una mezcla de sorpresa con una pizca de indignación.

Aquí se puede ver a un personaje femenino en la enfermería del colegio. El jugador está tumbado sobre la cama. El personaje, sin darse cuenta de la presencia de otra persona, deja que la enfermera la examine. Dibuja una escena inocente con el personaje visto por detrás y enseñando sólo el tirante del sujetador.

El dorso de la mano casi al mismo nivel que el del plano.

El dorso de la mano inclinado con respecto al plano.

Sentarse en el suelo (en clase de gimnasia)

En la escuela, se pueden sentar de varias maneras. Sin embargo, en clase de gimnasia, sentarse en el suelo es esencial. Muchos dibujantes son muy perfeccionistas a la hora de representar esta postura correctamente. Incluso un productor de un juego, hizo que todo su equipo de dibujantes se centrara en dibujar este tipo de postura. El ángulo dependerá de cómo se desarrolle el juego. Te recomendamos que empieces practicando la postura lateral.

Sentarse en esta posición, en contra de lo que pueda parecer, puede resultar bastante cansado. Tomando como base esta postura, dibuja variaciones de ésta en actitud más relajada. Es un personaje un tanto infantil.

Esta posición es muy apropiada para los personajes más activos y sensuales. En lugar de tener los dos pies hacia delante, deja una pierna apoyada en el suelo. Aunque esta posición no tenga ningún significado especial, visualmente se utiliza a menudo por ser una composición interesante. Aunque es una postura típica de clase de gimnasia, aparece bastante en los juegos de rol y en juegos de acción.

Tiene los hombros encogidos mientras se coge los tobillos y mira hacia arriba. Da la típica imagen de chica dulce.

Los dedos giran hacia el meñique.

Traza unas líneas que salgan de la goma de su coleta para el pelo que cae hacia atrás.

El zapato está apoyado recto en el lado interior sobre el suelo.

El cuerpo forma una línea curva.

La parte superior del pie está orientada hacia fuera.

Esta línea tiene que ser un poco curvada.

Hay que dibujar el contorno de las piernas paralelo para que se vean una al lado de la otra.

La espalda tiene que estar redondeada. Si se dibuja una espalda demasiado recta se vería demasiada tensión muscular y no se correspondería con el hecho de estar sentado relajado en clase de gimnasia.

Fíjate en cómo las gomas de las zapatillas no están alineadas, sino en posición diferente, para dar sensación de profundidad.

Muestra el número de la camiseta doblado y traza alrededor las líneas del pecho.

En los pequeños detalles es en lo que se diferencia la Heroína del resto de personajes. Por ejemplo, las chicas suelen recogerse el pelo para hacer gimnasia; la Heroína, en cambio, se lo deja suelto y así llama más la atención. Aunque pueda parecer poco natural, los pies se dibujan, delicadamente, uno al lado del otro.

Entradas triunfales

Sólo la Sexy y la Princesita suelen adoptar unas determinadas posturas que muestran su personalidad. Además, hacen entradas triunfales. A este hecho se le puede dar la interpretación de estar siempre mostrando una fachada al público. Por otro parte, estas entradas triunfales son fáciles de diseñar. Intenta dar un toque de solemnidad a cada uno de sus movimientos: cuando andan, cuando hablan, cuando se mueven, etc.

Aquí tenemos a una joven austera de familia adinerada. La mano en la cadera manifiesta su actitud altiva y superior. La clave a la hora de dibujarle las manos está en dibujar los dedos bien separados. Una mano con los dedos juntos significaría algo muy diferente. La mano en el pecho debe tener los dedos bien extendidos.

Este personaje sería la Princesita. Tiene una pose amable con un toque de arrogancia que sugiere la mano abierta sobre el pecho. Otro rasgo característico es dibujar la espalda recta y el brazo levantado algo separado del cuerpo.

Éste sería el personaje de la Sexy. Asume una postura característica incluso al caminar; siempre es consciente de lo que la rodea. Una figura alta con pelo largo por sí sola ya da mucha presencia, así que para este tipo de personajes es perfecta. El pelo liso y ondulado dará lugar a diferentes personalidades. El pelo liso da la idea de una personalidad más austera.

La cinta en el pelo le despeja la cara.

La mano apoyada en el pecho sugiere una personalidad arrogante, vanidosa, mientras que una mano con los dedos recogidos sugiere un carácter tolerante.

Cuando dibujes una melena ondulada no te olvides de dar movimiento a los mechones.

Utiliza la curva necesaria para que tu personaje saque pecho.

La muñeca gira en ángulo recto.

Para mostrar bien la personalidad dibuja los pies colocados perpendicularmente uno del otro.

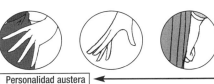

Personalidad austera

Este personaje camina con pasos pequeños, eso se nota en una falda con pocas arrugas.

Y además...

La mano que queda abajo expresa la personalidad del personaje, así que cada postura necesita modificaciones en la posición. Una mano cerrada suavemente medio escondida a la espalda sugiere una personalidad tolerante. Una mano con los dedos extendidos, sin que todos sean visibles, sugiere una personalidad sofisticada. Una mano con los dedos extendidos en tensión y apoyados en la cadera sugiere una personalidad austera.

Esperar a alguien

Ya sea en un parque, en un cine o en un centro comercial, todas las citas comienzan con un "encuentro". Aquí te presentamos a tres personajes diferentes: en el primero, la chica vuelve a casa después de clase con su novio/jugador; en el segundo la chica pide al jugador que se quede después de clase, y ella está esperándole; y por último, una chica vestida para una cita. En todas ellas es importante añadir un toque de timidez, emoción y alegría.

El personaje aparece con la espalda recta y las dos manos a la altura del pecho, con un gesto de nerviosismo. Esta postura suele usarse cuando el personaje confiesa su amor o llama a algún chico. Se da la impresión de una chica joven cubriendo ligeramente las manos con las mangas.

En esta postura vemos a la chica arreglada y un poco tímida. Estas posturas se suelen utilizar en escenas en las que tiene lugar una cita durante el fin de semana o en un período de vacaciones. Para crear este efecto es importante dibujar los codos estirados y los pies hacia dentro.

Ésta es una bonita postura estándar. En esta escena, el profesor le pide al jugador que se quede después de clase. Éste es el momento en el que el jugador llega a la clase, se la encuentra allí y ella le mira. Si añades una luz que la enfoque por detrás parecerá que está brillando.

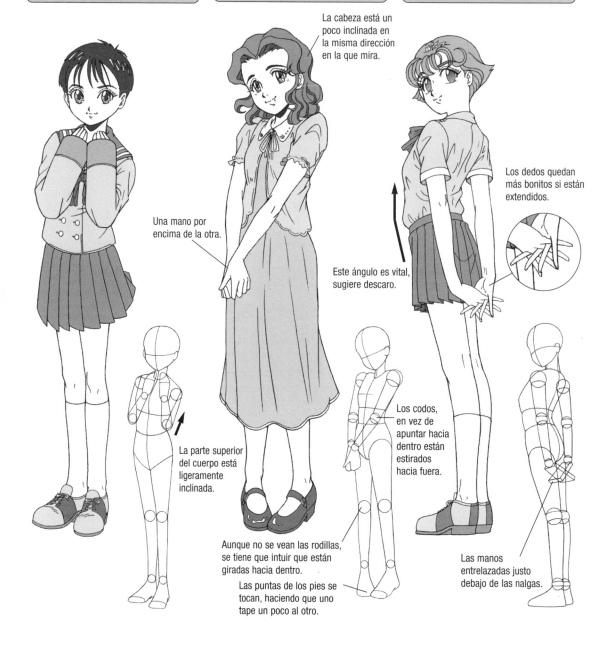

La cabeza está un poco inclinada en la misma dirección en la que mira.

Una mano por encima de la otra.

Los dedos quedan más bonitos si están extendidos.

Este ángulo es vital, sugiere descaro.

La parte superior del cuerpo está ligeramente inclinada.

Los codos, en vez de apuntar hacia dentro están estirados hacia fuera.

Aunque no se vean las rodillas, se tiene que intuir que están giradas hacia dentro.

Las manos entrelazadas justo debajo de las nalgas.

Las puntas de los pies se tocan, haciendo que uno tape un poco al otro.

Posturas relajadas

Existen infinidad de posturas en las que el personaje se deja caer en el suelo: con las piernas extendidas hacia delante, o sentada primero, con las piernas dobladas hacia atrás y estirándolas después, etc.

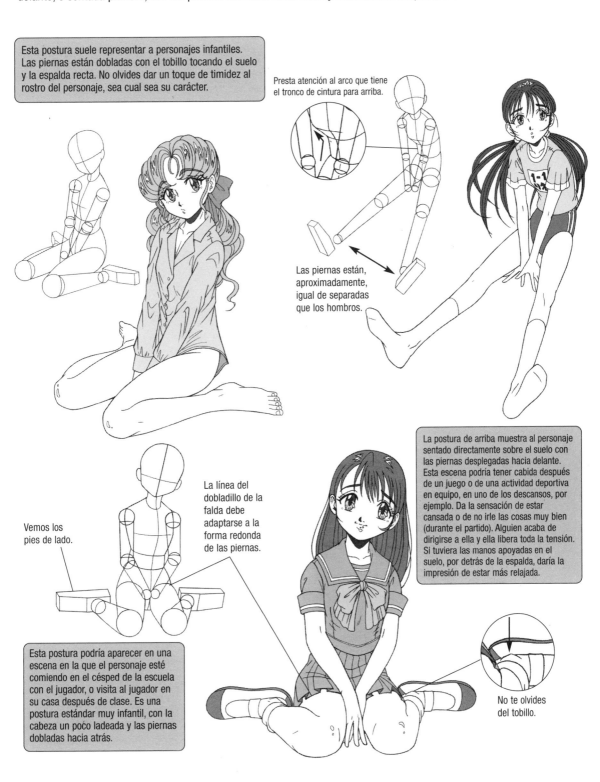

Esta postura suele representar a personajes infantiles. Las piernas están dobladas con el tobillo tocando el suelo y la espalda recta. No olvides dar un toque de timidez al rostro del personaje, sea cual sea su carácter.

Presta atención al arco que tiene el tronco de cintura para arriba.

Las piernas están, aproximadamente, igual de separadas que los hombros.

Vemos los pies de lado.

La línea del dobladillo de la falda debe adaptarse a la forma redonda de las piernas.

La postura de arriba muestra al personaje sentado directamente sobre el suelo con las piernas desplegadas hacia delante. Esta escena podría tener cabida después de un juego o de una actividad deportiva en equipo, en uno de los descansos, por ejemplo. Da la sensación de estar cansada o de no irle las cosas muy bien (durante el partido). Alguien acaba de dirigirse a ella y ella libera toda la tensión. Si tuviera las manos apoyadas en el suelo, por detrás de la espalda, daría la impresión de estar más relajada.

Esta postura podría aparecer en una escena en la que el personaje esté comiendo en el césped de la escuela con el jugador, o visita al jugador en su casa después de clase. Es una postura estándar muy infantil, con la cabeza un poco ladeada y las piernas dobladas hacia atrás.

No te olvides del tobillo.

Posturas seductoras

Cuando un personaje deja que el jugador entre en su habitación, asume una postura que transmite simpatía. Ponerle una camiseta dos tallas más grande en vez de escasa lencería le da al personaje un encanto infantil. Cuando dibujes este tipo de situaciones, imagínate los movimientos de un gato, estirándose exageradamente o ladeando la cabeza.

Esta postura con la cabeza ligeramente ladeada es señal de indecisión. La clave está en dibujar la mirada en sentido contrario al que va el cuerpo. El dedo no se apoya en el labio, sino justo al lado. La punta del dedo tiene que estar estirada.

Una postura relajada en la que el personaje está estirado con la espalda ligeramente arqueada hacia atrás. Ten en cuenta que las rodillas tienen que estar separadas para que se vea la figura proporcionada. La camisa es más sugerente si llega justo a la altura de las nalgas. Todo esto sin que se le llegue a ver la ropa interior.

El cuerpo aparece un tanto girado en dirección contraria a la de su mirada. Dibuja la figura completa, de pies a cabeza, con una curva en forma de S. Esta postura transmite timidez. Con ella se puede representar a personajes activos, poco femeninos o atléticos. Se muestra en actitud de seducir aunque sienta vergüenza. También se puede utilizar para representar a la heroína o a personajes más maduros.

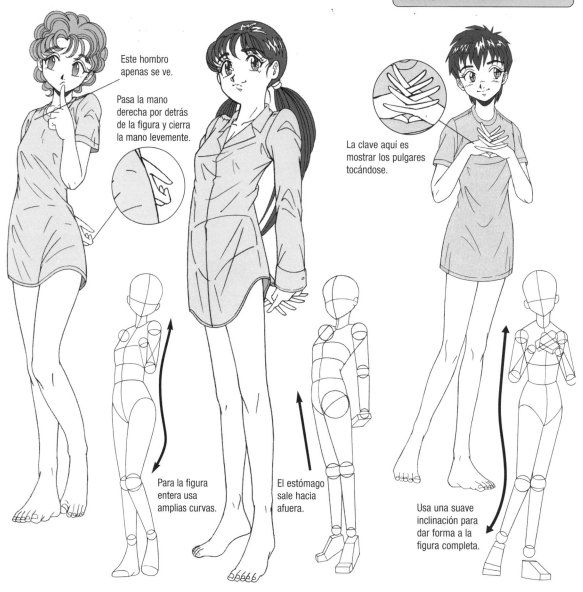

Este hombro apenas se ve.

Pasa la mano derecha por detrás de la figura y cierra la mano levemente.

La clave aquí es mostrar los pulgares tocándose.

Para la figura entera usa amplias curvas.

El estómago sale hacia afuera.

Usa una suave inclinación para dar forma a la figura completa.

Posturas relajadas

Cuando el jugador ya ha llegado a cierto nivel de amistad con el personaje femenino, el juego va avanzando y la chica puede ir a visitar al jugador a su casa o pedirle que la visite en la suya. En esta página te presentamos varias maneras de representar a personajes sentados. Con estas posturas muestran que el personaje ya ha adquirido confianza con el jugador. A medida que se vaya relajando, iremos conociendo mejor al personaje, ya que irá bajando la guardia.

Los personajes poco femeninos se sientan en el suelo con las piernas cruzadas o, en este caso, con los tobillos cruzados, incluso cuando llevan falda. Aún así, hay que tener en cuenta que se pone las manos sobre la falda para que no se le levante. Sentar a este tipo de personajes en esta postura es un rasgo característico.

Esta postura se usa cuando el personaje se muestra relajado y conversando. Como se trata de la heroína, asegúrate de que parece femenina, aunque esté relajada. Se sienta un poco inclinada pero con corrección y con las piernas recogidas a un lado.

Se apoya en la mano izquierda.

Curva la espalda hacia delante con los brazos muy rectos, aguantando el peso.

El pulgar aparece doblado y el resto de dedos ligeramente separados.

Las manos se apoyan en las rodillas.

En la zona de las caderas traza líneas horizontales para simular las arrugas de la falda.

La punta del pie queda levantada.

En los pliegues que tocan el suelo las líneas tienen que ser rectas.

Esta postura en la que el personaje aparece sentado con las rodillas levantadas se suele usar para ilustrar pósters o en publicidad. Nunca llega a verse la ropa interior. Al contrario que con los personajes que intentan seducir, este personaje ha adoptado esta postura inocentemente, así que si se da cuenta de que el jugador o un personaje masculino está intentando ver algo más, se enfadará, con la correspondiente pérdida de puntos por parte del jugador.

Tentación

En línea con el carácter de estos personajes, la chica Sexy y la Princesita tendrán alguna escena picante en función de cómo se desarrolle el juego. Si el juego toma como escenario una playa o una piscina, será imprescindible una postura sexy del personaje en traje de baño. Estas posturas suelen tomarse después para ilustrar pósters y para hacer figuras de plástico, así que te tienen que salir muy bien.

Dibuja una figura arqueándose hacia atrás en ángulo mientras mira al jugador/acompañante. Arquea el torso hacia atrás para que destaque el pecho. Para lograr una postura coqueta es muy común colocar las manos tal y como aparecen aquí. Otro punto clave es dibujar uno de los talones levantado.

La Sexy ya es suficientemente sensual, por lo que quedaría exagerado dibujarla en posturas demasiado explícitas. Esta postura, aunque se esté tapando el pecho, en este personaje resulta sensual. Muestra los dos brazos rodeando el torso, como si se estuviera abrazando a sí misma.

Esta postura, girando la cintura así, le da a la figura un toque muy atractivo.

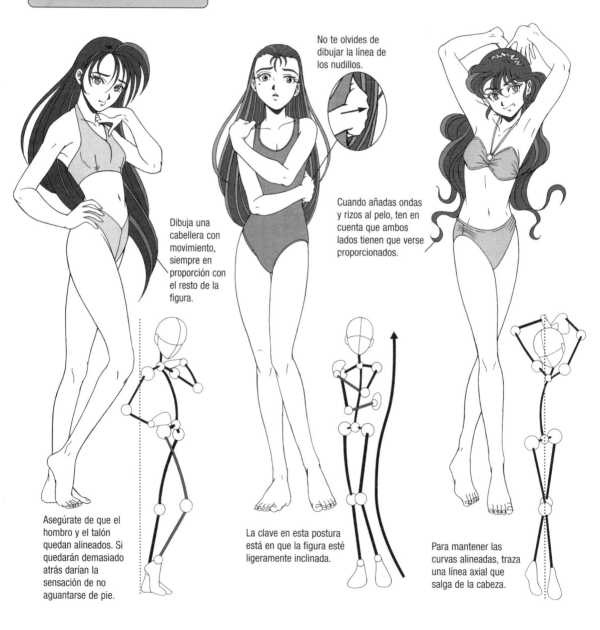

No te olvides de dibujar la línea de los nudillos.

Dibuja una cabellera con movimiento, siempre en proporción con el resto de la figura.

Cuando añadas ondas y rizos al pelo, ten en cuenta que ambos lados tienen que verse proporcionados.

Asegúrate de que el hombro y el talón quedan alineados. Si quedarán demasiado atrás darían la sensación de no aguantarse de pie.

La clave en esta postura está en que la figura esté ligeramente inclinada.

Para mantener las curvas alineadas, traza una línea axial que salga de la cabeza.

Relajándose

Las imágenes que muestran únicamente de la cintura hacia arriba suelen aparecer en las escenas en las que los personajes conversan, y tienen lugar en cafeterías y restaurantes cuando tienen una cita. Debido a que la composición muestra sólo de cintura para arriba, el rostro pasa automáticamente a ocupar la mayor parte de la pantalla, haciendo que el jugador sienta que de verdad está conversando con el personaje. Pero mostrar al personaje con las manos educadamente sobre su regazo no aportaría nada visualmente ni tampoco a lo que al juego se refiere. En esta página se indica cómo situar las manos, cómo ladear la cabeza y otras posturas adecuadas a las diferentes personalidades.

Esta pose es típica en la chica sexy madura y en la chica deportista. Está más absorta en sus pensamientos que en la conversación de su compañero. Esta postura, con la cabeza inclinada y apoyada en una de las manos, suele utilizarse para representar personajes que están sumidos en sus pensamientos. Dibuja una mirada distante.

Los hombros se levantan porque los codos están muy juntos.

La barbilla está apoyada sobre las palmas de las manos y hay espacio entre la cara y los dedos.

El codo tiene que sobresalir.

El borde de la mesa está justo por debajo del pecho.

La conversación de su compañero tiene a la chica joven y graciosa totalmente absorbida. Los dos codos están apoyados sobre la mesa y se sostiene la cabeza con las manos. Está inclinada hacia delante, mirando directamente a los ojos de su cita. Dibújala mona hasta el punto que parezca premeditado.

Sólo se ven las pestañas del ojo que no se ve.

La parte hinchada de la mano oculta parte de la barbilla.

Dibuja brillos en la boca para señalar que lleva maquillaje, como sería natural en una chica en una cita.

Este personaje se sienta con la espalda recta apoyada en la silla, así que la mesa debe estar algo por debajo del pecho.

La chica rebelde se sienta de lado mostrando superficialmente un aire de desinterés. Sin embargo, sus ojos están pendientes de la conversación de su compañero. Dibuja los dedos de la mano apoyados sobre la mesa como si estuviese, en cierto modo, tamborileando de manera nerviosa.

La estudiante modelo es formal incluso en las citas. A pesar de que tiene las manos cruzadas por debajo de la barbilla, está sentada con la espalda recta y apoyada en el respaldo de su asiento, así que en realidad sus manos no sujetan ningún peso. Los codos no deben estar demasiado separados, lo ideal es dibujarlos a la misma distancia que los hombros.

Durmiendo y reclinadas

Un personaje dormido profundamente dentro de su futón (pequeño colchón extendido directamente sobre el suelo) no contiene ningún interés visual ni tampoco aporta nada al desarrollo del juego. Así pues, el dibujante debe recurrir a posturas que resultan demasiado artificiales o que, a primera vista, parecen estar hechas con el único propósito de embellecer al personaje. Sé ingenioso a la hora de representar el movimiento de las manos, la postura de las piernas y el giro de la cadera. Ten cuidado para evitar posturas demasiado subidas de tono. Este tipo de posturas se utilizan también en escenas en las que se seduce a un personaje o en pósters y todo tipo de materiales relacionados con los videojuegos.

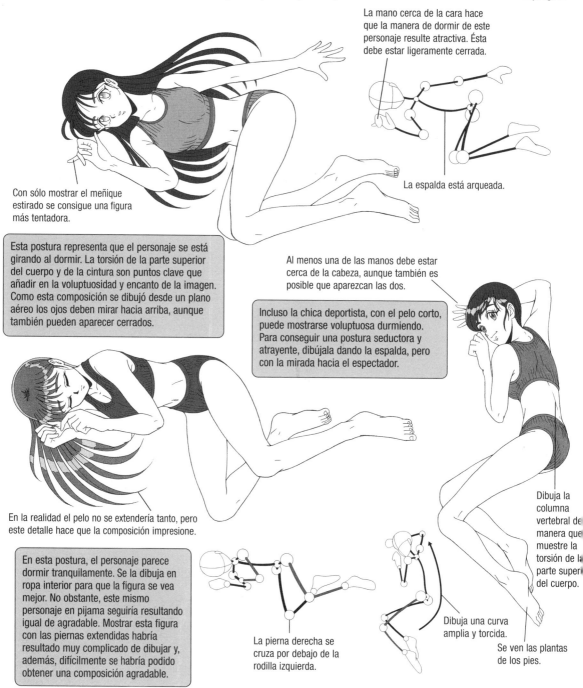

La mano cerca de la cara hace que la manera de dormir de este personaje resulte atractiva. Ésta debe estar ligeramente cerrada.

La espalda está arqueada.

Con sólo mostrar el meñique estirado se consigue una figura más tentadora.

Esta postura representa que el personaje se está girando al dormir. La torsión de la parte superior del cuerpo y de la cintura son puntos clave que añadir en la voluptuosidad y encanto de la imagen. Como esta composición se dibujó desde un plano aéreo los ojos deben mirar hacia arriba, aunque también pueden aparecer cerrados.

Al menos una de las manos debe estar cerca de la cabeza, aunque también es posible que aparezcan las dos.

Incluso la chica deportista, con el pelo corto, puede mostrarse voluptuosa durmiendo. Para conseguir una postura seductora y atrayente, dibújala dando la espalda, pero con la mirada hacia el espectador.

En la realidad el pelo no se extendería tanto, pero este detalle hace que la composición impresione.

En esta postura, el personaje parece dormir tranquilamente. Se la dibuja en ropa interior para que la figura se vea mejor. No obstante, este mismo personaje en pijama seguiría resultando igual de agradable. Mostrar esta figura con las piernas extendidas habría resultado muy complicado de dibujar y, además, difícilmente se habría podido obtener una composición agradable.

Dibuja la columna vertebral de manera que muestre la torsión de la parte superi del cuerpo.

Dibuja una curva amplia y torcida.

Se ven las plantas de los pies.

La pierna derecha se cruza por debajo de la rodilla izquierda.

Heridas

Las escenas en las que un personaje tiene un accidente o sufre alguna herida sirven para acentuar su caracterización. A la hora de dibujar la escena, ten siempre presente cómo se ha herido el personaje. No te limites a dibujar una expresión de dolor en el rostro: intenta reflejar cómo el dolor recorre todo su cuerpo.

La heroína de esta escena ha tropezado y se ha hecho un esguince en el tobillo. Estas posturas pueden utilizarse para escenas de invierno, cuando los personajes practican esquí. No debe parecer que el personaje está agonizando, pero sí se debe marcar el dolor, y un buen modo de conseguirlo es dibujando gestos de preocupación e intentando que parezca que la parte superior del cuerpo ha perdido todas sus fuerzas.

El personaje de esta escena es una atleta. Las lesiones deportivas pueden darse en cualquier parte del cuerpo. En esta escena, el personaje se ha dañado la espalda y se ha arrodillado de dolor. Ten cuidado a la hora de dibujar este tipo de expresiones y de posturas en personajes tímidos y miedosos o podrían dejar de resultar dulces.

Dibuja la columna vertebral doblada y débil para conseguir una forma fláccida.

Este hombro está más bajo.

Las rodillas hacia dentro ligeramente separadas.

Dibuja al personaje sujetándose la zona lesionada para inspirar lástima al espectador.

Dibuja las sandalias u otro calzado como si se las hubiese quitado.

Dibuja a tu personaje sujetándose la zona lesionada.

El cuello desaparece en las posturas agachadas.

La espalda se arquea.

Al tratarse de un personaje femenino, las rodillas están recatadamente juntas.

Por casualidades de la vida, la chica rebelde se choca dándose un buen golpe con su destino. Intenta no dibujarla demasiado despatarrada. Tiene que apoyar las nalgas en el suelo.

Vigila la posición del pie cuando los personajes lleven falda para que no se vea su ropa interior.

Posturas de ánimo

Uno de los puntos principales para conseguir que un personaje resulte atractivo es darle un toque de humanidad para que se les vea comprometidos con los jugadores. Un buen ejemplo podrían ser las palabras de aliento de un personaje que va a ver a un jugador en una prueba atlética. Las posturas de ánimo básicas que se muestran a continuación pueden significar cosas muy distintas dependiendo del juego y de los personajes.

En esta imagen tenemos una postura de "¡sigue así!". La heroína muestra más una postura de chica guapa que de dar ánimos. Dibujando el brazo más o menos a la altura del nivel de los ojos conseguirás figuras más femeninas.

"¡Cómetelos!" Aquí tenemos una postura de aliento. Representa siempre a los personajes atléticos con este toque enérgico. Dibuja las manos hacia delante y en puño para darle una apariencia más vigorosa que a los demás personajes.

Asegúrate siempre de que la intención de animar se perciba en toda la figura, incluso cuando no vaya acompañada de texto. Si un personaje tuviese esta postura en un combate significaría que está sacando músculo para intimidar a su adversario, pero en los juegos de simulación románticos, esta misma postura representa que el personaje se anima a sí mismo.

Primero dibuja el brazo a la altura de los ojos.

El hombro inclinado es fundamental para darle un toque femenino.

Los dedos deben orientarse hacia arriba

Los codos y los hombros deben formar líneas paralelas descendientes.

Dobla la rodilla para darle un toque femenino.

Como cabría esperar en este tipo de personajes, las rodillas están separadas.

Los pies están separados, como es natural en este personaje.

La parte superior del cuerpo se dobla formando un arco. Si la figura tuviese la espalda erguida, el resultado sería una entusiasta con un toque masculino.

La cabeza está inclinada en dirección opuesta a los hombros.

La espalda forma un gran arco.

La parte superior del cuerpo forma una pequeña curva.

Todo el conjunto forma una curva en "S".

Postura de manos y pies y la importancia de los diseños

En este libro aparecen varias posturas, pero aún hay que analizar qué posturas deben tener los personajes para que sean más guapas y femeninas hagan lo que hagan. También se verán cómo se tienen que colocar las manos y los pies en los diferentes contextos. Las posturas de las manos y de los pies está en cierta medida establecida, y es independiente del tipo del personaje o de su género. A continuación se muestran diferentes posturas básicas.

La sonrisa alegre de esta chica unida a la postura de sus manos y de sus pies transmite rápidamente al espectador el sentimiento deseado, ya sea sorpresa, alegría o cualquier otra cosa. No obstante, esta postura es difícilmente aplicable a otro tipo de escenas. Sin movimiento, esta imagen serviría para hacer un bonito póster.

Aunque no se sabe muy bien qué es lo que está haciendo, esta postura puede utilizarse para cualquier tipo de escenas en las que el personaje se sienta relajado. Muchas chicas de la vida real han comentado que adoptan esta postura muy a menudo sin ninguna razón en especial.

Trenzas bien apretadas

El hombro derecho debe estar alejado del cuerpo.

La mano derecha se apoya en la cadera.

Las piernas están separadas y la figura está erguida.

Personalidad fuerte

Pelo suelto

El hombro izquierdo está pegado al cuerpo.

La mano izquierda no se ve.

Las rodillas están dobladas y los dedos de los pies se miran.

Personalidad dulce y tímida

La indumentaria y las caras de estos personajes son idénticas, pero la postura de las manos y los pies y el peinado cambian la sensación que se provoca, haciendo también que sus personalidades parezcan completamente diferentes. Así pues, para cambiar la apariencia de un personaje, no basta con cambiar su rostro.

Cabello con las puntas igualadas.

Camisa abrochada de manera recatada.

Combinación entre estudiante modelo y princesa.

Falda

Las piernas juntas

Botas de abuela

Cabello despuntado y despeinado.

Camisa sin mangas con los botones de la parte superior sin abrochar.

La chica rebelde

Pantalón pirata

Piernas separadas

Zapatos

Otra vez vemos que la postura de las manos y de los pies, el peinado y la indumentaria pueden dar la sensación de diferentes personalidades a pesar de que la postura sea la misma. Con sólo plasmar estas diferencias en tus dibujos conseguirás la base para tus videojuegos o tus películas de animación.

¿Eran mejores los diseños del pasado?

Todo lo relacionado con el *bishojo* da la sensación de abarcar una interpretación del mundo única. Observando las modas, los peinados, etc., parece que todo el mundo tiene un concepto de la belleza distinto. No obstante, un dibujante no goza de la libertad de expresar sus preferencias, sino que debe esforzarse por dibujar a sus personajes de manera que atraigan al mayor público posible. Así pues, ¿qué tipo de dibujo atrae al público en general?

La respuesta es la típica vecinita graciosa, y es la chica que se ha comentado en la página anterior la que parece cumplir estas condiciones, ya que atrae tanto a hombres como a mujeres de todas las edades.

Por si fuera poco, el diseñador de un personaje debe ser también su productor. Puede darse el caso de que hayas conseguido diseñar un personaje que encaje con los diseños del año, pero si se incorpora a un juego de inmediato y el juego no sale a la venta hasta después de un año o más, el personaje quedará anticuado. Por ello, lo ideal es dar a tus personajes una apariencia clásica.

Moda actual

Puede que a veces lo que necesita el dibujante sea sólo un personaje moderno. Sin embargo, una apariencia que pase de moda tan pronto no puede aplicarse a las heroínas. De hecho, esta apariencia que hace nada era el último grito en la moda de Tokio ya está algo anticuado.

Cabellos tintados de rubio más que castaños.

Lleva complementos baratos.

El bolso colgado del hombro

Minifalda.

Calcetines grandes y holgados.

Empiezan a verse las raíces negras.

La mirada perdida.

El cuello de la camisa está desabrochado y el lazo suelto.

El suéter (o la camiseta) es ancho.

Con esta misma postura pero con la mirada dirigida al espectador y una sonrisa, este personaje tendría una apariencia 10 veces más simpática.

La heroína clásica

Este personaje sigue resultando atractivo a pesar de que muchas de las cosas que lleva ya no se ven en las calles.

La mirada siempre va dirigida al espectador.

Las mangas de la camisa se hinchan a la altura de los puños.

Las manos juntas de manera recatada sujetan su cartera.

Los calcetines doblados en dos vueltas.

La cinta del pelo bien puesta.

Cabello liso y suelto.

La falda justo por encima de las rodillas.

Mocasines de piel.

Estilo a la antigua

Aunque se supone que este personaje representa a una chica rebelde, alguien le ha dibujado algunos elementos pasados de moda. Con esta ropa se ha convertido en una "chica rebelde retro".

El lazo se suprime.

La camisa es lo suficientemente corta como para enseñar el ombligo.

El asa de la cartera está forrada con cinta adhesiva metálica.

Se pisa la parte trasera de la zapatilla.

Aunque vaya de mala, los personajes de videojuegos nunca aparecen fumando.

La camisa es escotada.

Las mangas están dobladas.

Siempre tiene la mano en el bolsillo.

Falda larga.

Sin calcetines.

CAPÍTULO 5

El diseño de pósters

Es difícil hacer que un videojuego o una película de animación atraigan al público mostrando en los pósters a un sólo personaje. No obstante, el combinar varios personajes no es tarea fácil y requiere que el dibujante agudice el ingenio. Se debe tener en cuenta la interrelación de la heroína con los personajes secundarios, así como las posturas, de manera que transmitan la esencia de la historia, etc. En las páginas que vienen a continuación, encontrarás ejemplos de composiciones básicas que transmiten al espectador la sensación de equilibrio visual.

Composiciones triangulares

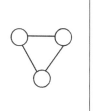

El tipo de composición más utilizada en pósters y anuncios es la triangular. Este tipo de composiciones son las que al público le resultan más equilibradas visualmente y con ellas es difícil no acertar. Para esta imagen se han escogido y se han organizado tres personajes: la Heroína, la estudiante modelo y la vivaz. Estos grupos de tres son muy típicos en anime.

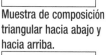

Muestra de composición triangular hacia abajo y hacia arriba.

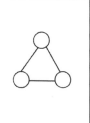

Otros tipos de composición triangular.

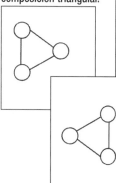

Grupo de cinco personajes.

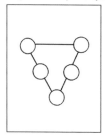

Otros tipos de composición triangular

Colocar a los personajes de manera que sus cabezas formen un triángulo.

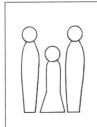

Esta composición también podría considerarse como un modelo de cinco puntos. La distribución de los tres personajes forma un triángulo. Las cabezas y los pies constituyen los puntos clave de la composición. Si dibujas los personajes con los pies separados y alineados en el mismo plano conseguirás una composición equilibrada.

El personaje central puede aparecer sentado en una silla.

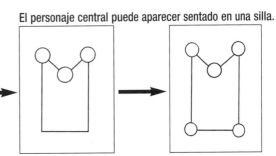

Composición dividida

Este tipo de composición muestra normalmente a dos personajes entrelazados o a un personaje y a su némesis.

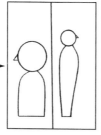

Si aparece un personaje de cuerpo entero y otro de cintura para arriba, el espectador se forma una idea clara de cuál de los dos es más fuerte y superior intelectualmente.

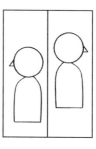

Dos personajes del mismo tamaño y a la misma distancia del plano de la imagen representan a dos rivales en igualdad de condiciones.

Colocación de los personajes en línea

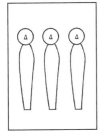

Cuando aparecen de tres a cinco personajes en línea significa que ninguno de ellos es la heroína, sino que todos forman un grupo en el que cada uno juega un papel distinto. Claro está que en estos casos todos los personajes tienen que ser amigos o aliados y que no puede aparecer ningún enemigo.

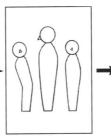

Composición con un personaje delante.

Composición con dos personajes delante y el típico personaje despistado corriendo por detrás para intentar llegar.

Combinación de la composición dividida y la composición triangular

El héroe o la heroína aparece en el centro. La dirección hacia la que mira cada personaje indica si éste es un aliado o un enemigo.

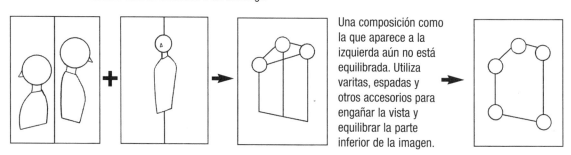

Una composición como la que aparece a la izquierda aún no está equilibrada. Utiliza varitas, espadas y otros accesorios para engañar la vista y equilibrar la parte inferior de la imagen.

Grupos de cinco personajes

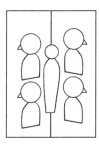

Ésta es una composición dividida en la que aparecen cinco personajes. La mitad inferior está muy bien equilibrada, así que no es necesario añadir ningún tipo de accesorio.

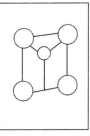

Para resaltar a la heroína del centro, dibújala de frente. Cada uno de los personajes restantes debe dirigir su rostro en una dirección distinta, aunque todos sean amigos, ya que si todos mirasen hacia una misma dirección daría la sensación de que la heroína es la líder del grupo y acabaría con la individualidad del resto de personajes.

Grupos de cinco personajes II

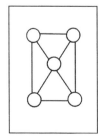

Aquí tenemos una composición equilibrada de cinco elementos dispuestos siguiendo una forma similar al diamante de un campo de béisbol. Este tipo de distribución se utiliza mucho en juegos románticos de simulación o cuando hay que representar cinco personajes juntos.

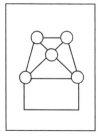

La idea es que una cámara imaginaria está fotografiando a los personajes desde un ángulo algo superior al plano de la imagen, por eso todos miran hacia el espectador. Se ha dado perspectiva y profundidad a esta imagen utilizando como ejemplo para la disposición un trapecio, con lo que se ha conseguido una composición bien equilibrada. Respecto a la representación de cuerpos en escorzo, cabe decir que es muy difícil conseguir que salga bien. Por ello se recomienda evitar este tipo de posturas hasta no tener unos conocimientos técnicos avanzados.

Una vez se dominen varias maneras de disponer a los personajes, hay que empezar con los fondos. El fondo es necesario para situar el desarrollo de la historia en el mundo, y por eso a muchos dibujantes les resulta problemático. Pensando en eso, en las páginas siguientes se presentan unos cuantos fondos básicos que, una vez se han aprendido a dibujar bien, pueden utilizarse siempre que sea necesario.

Fondos prácticos

Primero presentamos unos cuantos fondos multiusos que pueden utilizarse no sólo en trabajos específicos, sino también en diferentes tipos de escenas.

Un apartamento

Este edificio puede ser la vivienda de uno de los personajes o simplemente puede aparecer en segundo plano mientras un personaje pasea, o puede ser un punto de encuentro entre varios personajes. Sólo tienes que decidir en qué escena o escenas de tu historia puedes ponerlo.

Un restaurante

Puede ser el sitio donde tiene lugar una cita, una reunión familiar o con los amigos para comer o cenar, una entrevista, donde queden dos amigos para hablar de sus cosas, y cientos de situaciones diferentes. Sólo hay que emplazar a los personajes en ese sitio. Además, cambiando las cortinas y retocando el techo para que parezca cuadrado resultará un restaurante totalmente diferente.

Escenarios para citas

Un escenario estacional puede expandir las opciones del vestuario de los personajes y son geniales para las escenas de citas. Un parque de atracciones, por ejemplo, puede utilizarse en cualquier época del año.

Una feria

La playa

Escenarios para citas

Un parque de atracciones

Hatsumode (la primera visita al templo a principio de año)

Centros educativos

De todos los fondos posibles, los escenarios en centros educativos son los más indispensables. Mientras que las escenas dentro de clase son las más comunes, normalmente la historia se desarrolla fuera del centro en sí. En las dos páginas siguientes hay cuatro escenarios ideales para representar acciones en este tipo de centros.

La clase

El pasillo

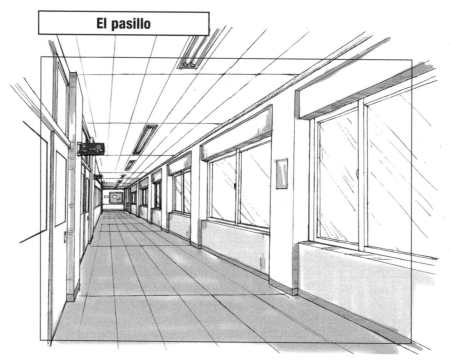

Centros educativos

El campo de deportes

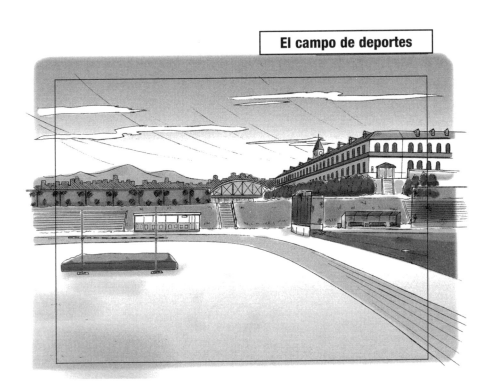

La puerta del centro

Ir y venir de clase

Después de las escenas en clase, las que más aparecen son las que muestran el trayecto de vuelta a casa o de camino al centro educativo. Estas escenas relacionan al personaje con el entorno y fundamentan la historia. Cuando se dibujan escenas de este tipo, hay que determinar primero en qué tipo de entorno vive el personaje, qué casa tiene, cómo es su vecindario, etc.

Un andén

Delante de la estación

Ir y venir de clase

La habitación de un personaje

Su casa

Los nombres de los personajes: Instituto femenino

Uno de los detalles más importantes de un personaje es su nombre. Los dibujantes lo pasan fatal cuando tienen que decidir qué nombre dar a esos personajes que les ha costado tanto crear. En el mundo de los videojuegos suele dársele mucha importancia al nombre porque normalmente indica algún rasgo de personalidad. A continuación una lista de posibles nombres extraídos de listas de estudiantes reales.

PRIMERO A

Aina Amami
Sayaka Isa
Kyoko Utsugi
Tomomi Okumura
Miyuki Onodera
Mitsuki Kamiya
Mizuho Kawabata
Kayoko Kiriyama
Aya Koshimizu
Ayumi Gojo
Kanae Sakuma
Akemi Shibuya
Yuki Sudo
Makoto Seto
Miho Takeda
Serina Tanzawa
Mayumi Toyoshima
Eriko Nagata
Shima Naruse
Tokiko Nishioka
Risa Hashiratani
Ai Hibikino
Shiho Higuchi
Mina Hirose
Moe Fujio
Manami Furuoka
Masami Honnami
Riyo Mochida
Kaoru Yasuko'uchi
Reimi Yoshikawa

PRIMERO B

Hiromi Ikawa
Tomoko Ichijo
Tatsuko Iwanami
Momiji Iwamoto
Motoko Usami
Tomoko Endo
Akiko Oshima
Mika Okuyama
Yoshiko Kasai
Aki Katsura
Tomoe Kamata
Toyoko Kambashi
Yukari Shinohara
Kiyomi Shudo
Yuki Sonoda
Mariko Fujisawa
Chizuru Horie
Haruna Matsu'ura
Manami Myojin

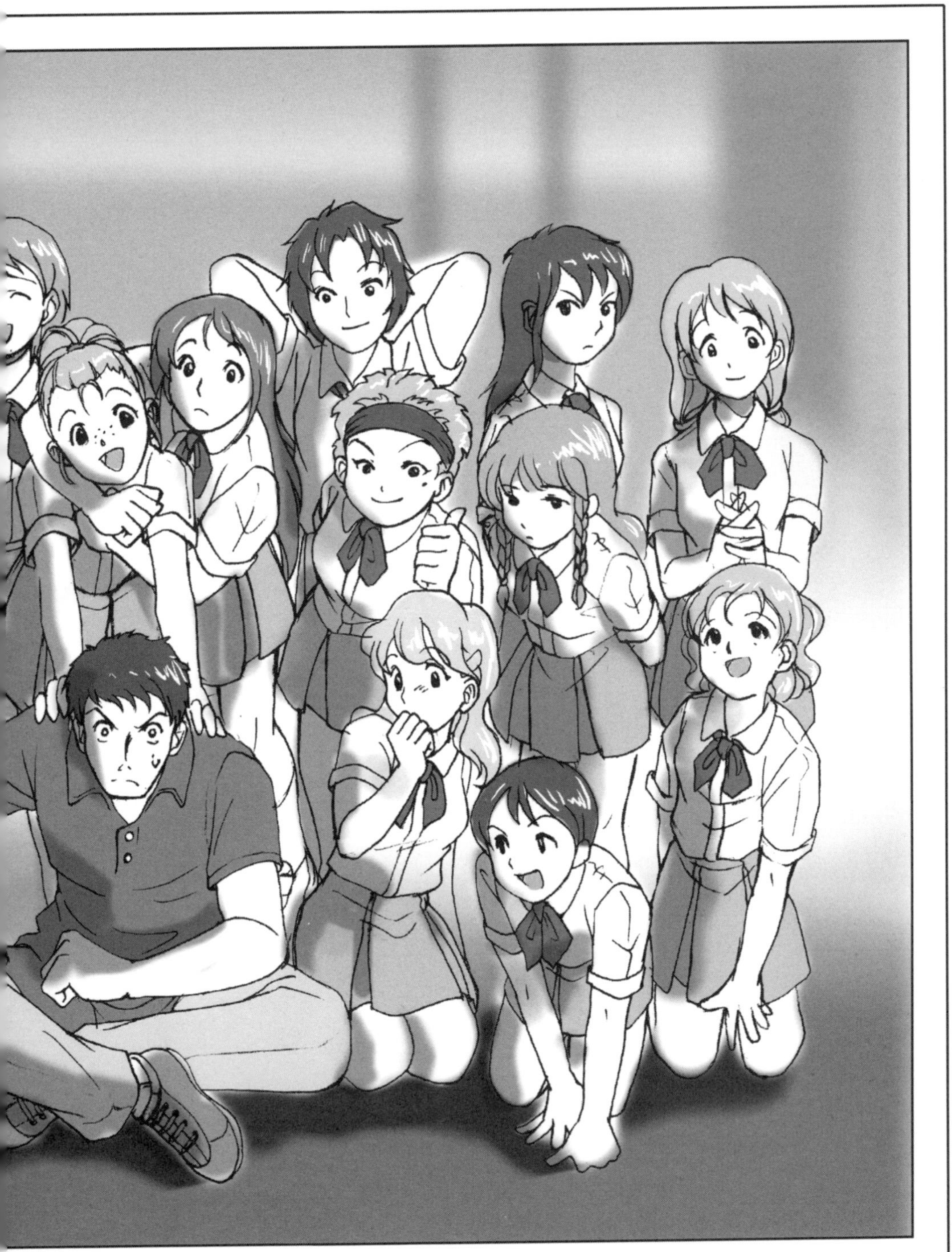

Los nombres de los personajes: Instituto mixto

¿Y porqué dar un nombre sólo a la heroína y a sus amigos? Haz que el juego parezca más real dándole un nombre a los personajes secundarios también. Hay que tener mucho cuidado con los apellidos que contienen las palabras "ichi", "kazu", "ji", etc. porque indican el orden de nacimiento de los personajes, así que atención a estos nombres.

Chicos

Junichi Azuma
Soichiro Ikeda
Makoto Inaba
Shuhei Enoki
Kazunari Oda
Takuya Kusunoki
Kazuya Koga
Yuji Kokubo
Akira Terada
Masanori Togashi
Toshihiko Nagahara
Katsutoshi Hayashi
Shin'ichi Mimura
Nobuya Yuki
Nobuo Yoshioka

Chicas

Sawako Igarashi
Murasaki Utsumiya
Yoko Kakizaki
Yumiko Kitagawa
Mai Kurosaki
Yurie Kenmochi
Saiko Jinguji
Kaori Shindo
Shinobu Tsujimoto
Madoka Nagatani
Miyuki Nonomura
Kotomi Fuchu
Naomi Honjo
Mikoto Minazuki
Hime Yanagi

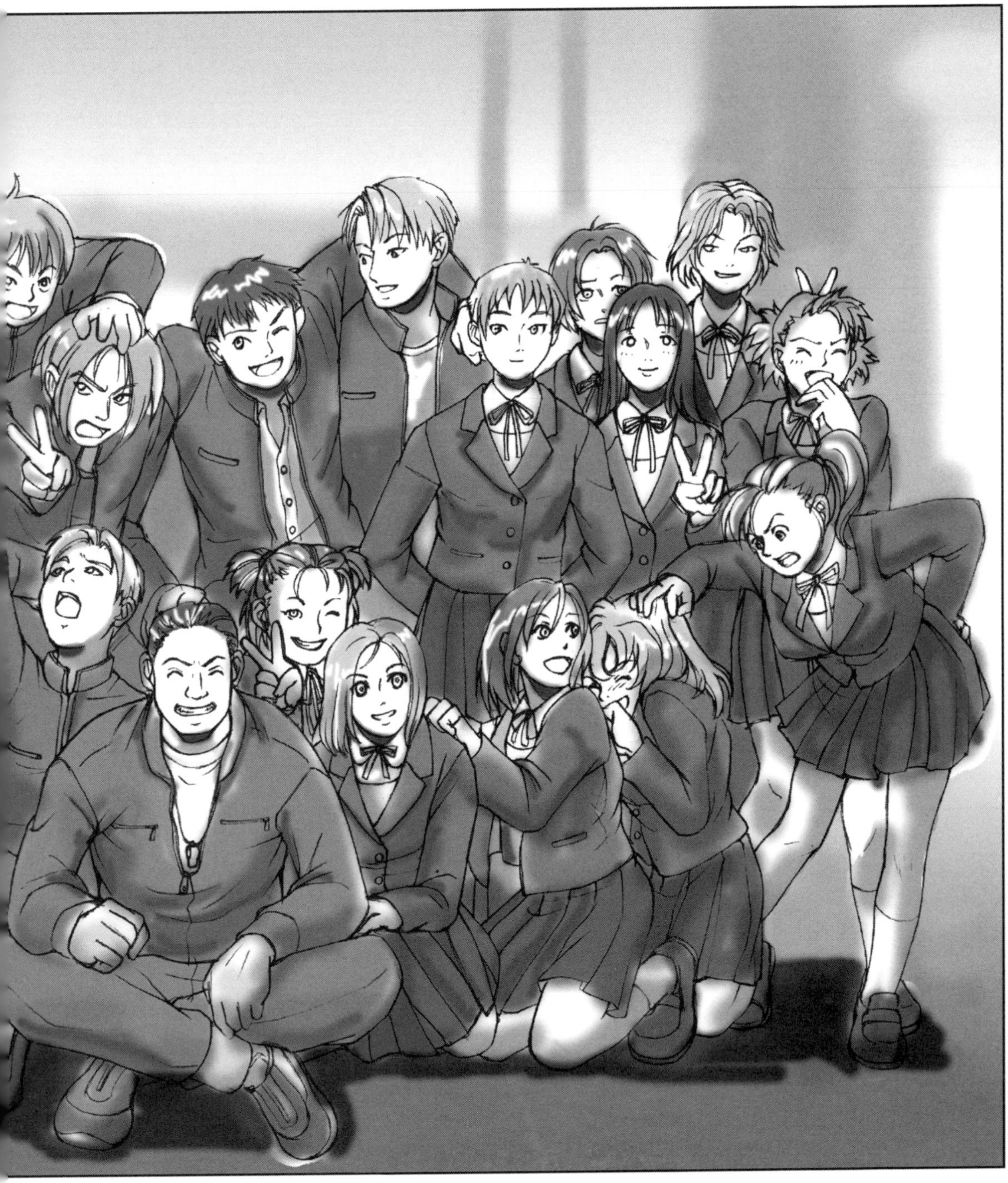

Curso acelerado de edición III

Dibujo: Misako Yoshikawa, Yao City (Osaka)

Es obvio que el creador de este personaje se ha esforzado al máximo en cada detalle de su diseño. Esta vez, el dibujante ha decidido que su creación esté inspirada en un pez tropical. Sin embargo, quiere que ésta sea única, que tenga un diseño llamativo y diferente a todos. A mi parecer estaría mucho mejor sin los calcetines. Además, me gustaría sugerir a Misako Yoshikawa que echase un vistazo a los trabajos de otros dibujantes para obtener unas cuantas ideas sobre peinados y que abocete algunos de ellos. Así conseguirá crear sus propios peinados de moda.

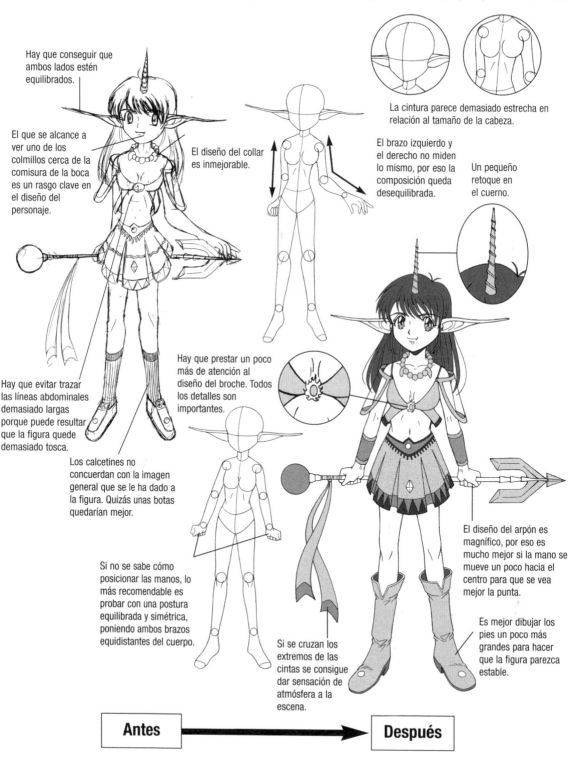

Hay que conseguir que ambos lados estén equilibrados.

El que se alcance a ver uno de los colmillos cerca de la comisura de la boca es un rasgo clave en el diseño del personaje.

El diseño del collar es inmejorable.

La cintura parece demasiado estrecha en relación al tamaño de la cabeza.

El brazo izquierdo y el derecho no miden lo mismo, por eso la composición queda desequilibrada.

Un pequeño retoque en el cuerno.

Hay que evitar trazar las líneas abdominales demasiado largas porque puede resultar que la figura quede demasiado tosca.

Hay que prestar un poco más de atención al diseño del broche. Todos los detalles son importantes.

Los calcetines no concuerdan con la imagen general que se le ha dado a la figura. Quizás unas botas quedarían mejor.

Si no se sabe cómo posicionar las manos, lo más recomendable es probar con una postura equilibrada y simétrica, poniendo ambos brazos equidistantes del cuerpo.

Si se cruzan los extremos de las cintas se consigue dar sensación de atmósfera a la escena.

El diseño del arpón es magnífico, por eso es mucho mejor si la mano se mueve un poco hacia el centro para que se vea mejor la punta.

Es mejor dibujar los pies un poco más grandes para hacer que la figura parezca estable.

Antes → **Después**

Consejos de un creador novel

YUKI ICHIMIYA

Yuki Ichimiya estudia diseño gráfico de videojuegos en una academia de arte. También estudia ilustración y a la vez trabaja en una empresa de videojuegos. A día de hoy, Ichimiya continúa con sus estudios mientras trabaja produciendo juegos.

Me da un poco de apuro que se me dedique toda una página cuando en realidad no soy más que una aprendiz. Espero de corazón que al menos a alguno de los lectores le sea útil mi consejo. Hay una serie de factores críticos a la hora de dibujar, pero si tengo que elegir uno desde el punto de vista técnico, me quedo con el esbozo. Hace tiempo, alguien me enseñó que la simple práctica de escoger al azar a alguien en un tren y observarle puede ser de lo más instructivo. Observar a la gente puede hacerse en cualquier sitio, incluso aunque no tengas en las manos un lápiz y un papel. Aunque, todo sea dicho, quedarse mirando a la gente no es de muy buena educación, así que hay que ser un poco disimulado.

Me gustaría dar muchos ánimos a todos mis colegas noveles.

Algún día lo conseguiremos.

CONVIÉRTETE EN EL MEJOR

DIBUJANTE DE MANGA Y ANIME

ENCAJA LAS PIEZAS...

Y COMPLETA
TU COLECCIÓN.

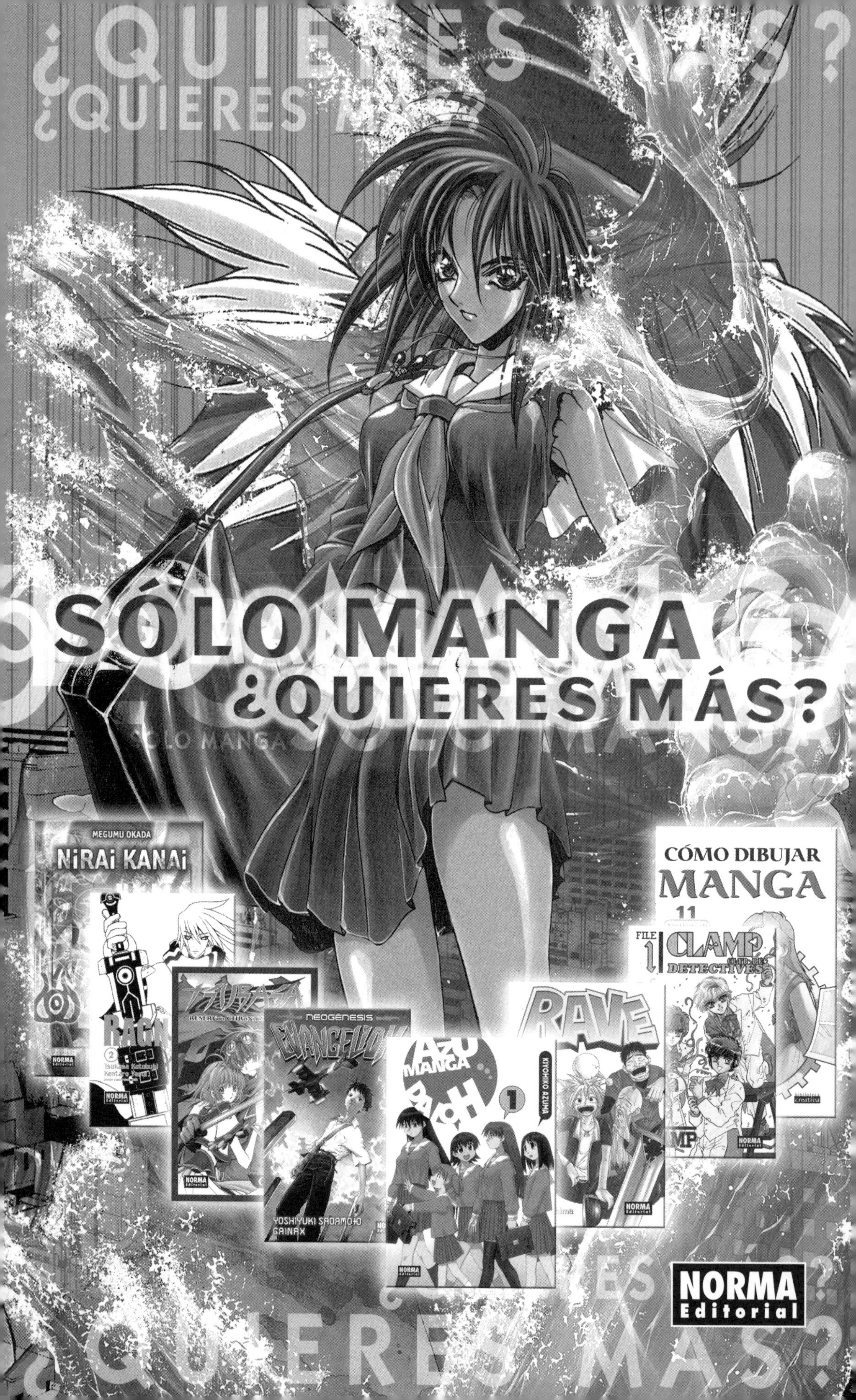
¿QUIERES MÁS?
SÓLO MANGA
¿QUIERES MÁS?
MEGUMU OKADA
NIRAI KANAI
CÓMO DIBUJAR
MANGA
11
FILE 1
CLAMP
DETECTIVES
RAVE
NEOGÉNESIS
EVANGELION
YOSHIYUKI SADAMOTO
GAINAX
AZUMANGA DAIOH
1
KIYOHIKO AZUMA
NORMA
Editorial